生活勵志
053

優秀從你忽略的小事開始

優秀，不是天注定而是你的決定

暢銷心靈作家
何權峰／著

高寶書版集團

序文

優秀，你必須知道的一件事

何飛鵬

這件事是什麼事？

是性別、長相、年齡、財富、種族，或是宗教信仰嗎？統統都不是。

是教育程度嗎？可能有些關係，但也只是有關係而已，在我們身邊總是可見到一些高學歷的人，他們卻沒有傑出表現，或是滿意自己的生活。

努力工作也不是答案。當然多數優秀的人都很認真，但是其他數不清的芸芸眾生，也同樣在工作崗位上兢兢業業，卻不見得獲得相對的報酬。

那天分呢？我想也不是。這點必須解釋一下，很顯然，天分對一個人的成就而言非常重要，但那只是開始的第一步。天分是一個人的潛力、優勢，但卻不能保證他的成就。試想一個人縱有絕佳的天賦卻沒有栽培的環境，或自己不願努力，他的天賦能發揮嗎？

人生並非一場又一場的百米賽，而是馬拉松，是長期累積的過程。有人為什麼成功？有人為何失敗？成功者比一般人多做了些什麼？

其實關鍵就在於好的品格與態度。我發現所有的成功者，他們與我們都做著同樣的事，唯一的區別就是，他們從不認為他們所做的事是簡單的小事。比如誠實、有禮、專注、細心、耐心、謙讓、堅忍、樂觀、同理心……好像台大校長一再要求台大學生不要亂停腳踏車，這些看似最基本的「小事」，才是人生成敗的關鍵。

好的品格雖未必能立即成功，但是如果欠缺，就算一時幸運，終究還是難逃失敗。而即使沒能擁有財富、學識和權力，但擁有正直、勤勞、克己、坦誠的人，較容易被信任、尊崇、甚至成為頂尖的一流人物，並長保成功。這也是我強調的優秀。

我們給孩子補英文、學才藝、選學校，是否補強了他們的品格、生活能力以及人生態度？教育的核心是培養人的健康人格和態度，而建立正確的人格和態度是從習慣入手，養成習慣的關鍵時期愈早愈好。

現在的孩子已不是以前的孩子，家長也不能當以前的家長。教育問題不光是去教，而是讓孩子自己去了解，這是人們常搞錯的。我常跟家長說：「他自己想不到，也做不了；不會想，也教不會。」想讓孩子不同，不是去改變他，而是讓他自己想改變，經由自覺、自省、自動，才可能真正改變。

當然如果你有所自覺，有自省，就讓你自己去改變自己，不需要別人來教你。套句星雲法師的話：「自己不學好，別人幫不了；自己要學好，別人擋不了。」

優秀，不是天注定，而是你的決定——從你忽略的小事開始。

目錄

第1件事

先打好基礎

所有的成就都來自於基本功。就像是練武術前的紮馬步，打籃球的基本動作，禪宗基本功就是坐禪、打坐；為學、創業、技藝與成就夢想也都是來自基本功。因為沒有人一生下來就是專家、明星、成功者或大師。

以前看畢卡索的畫，覺得他簡直亂畫一通，「那有什麼，小孩也畫得出來！」後來去畫展，往回看他早期的作品，從那些寫真的素描和水彩，才發現他精湛高超的繪圖技巧。

看藝術舞蹈劇團演出，精彩處總會讓人直呼「好！」、「讚！」大家常羨慕台上舞者獨特風采與自信的神情，盡情揮灑，令人陶醉。然而如果你曾經到幕後看看這群舞者排練的整個過程，多數人會感動不已。短短幾分鐘的演出，背後隱藏著多少汗水和淚水。

最容易做的事，也是最容易不做的事

成功，沒有你想的那麼簡單。它是一種能力，更是一種時間。吃苦是第一要務。肯吃苦、願吃苦、能吃苦、敢吃苦，才能苦盡甘來。其次，幾乎所有的領域都需要練習，重複練習。若省略掉練習的部分，也就因此喪失磨練的機會。

為什麼要不厭其煩地做那些已經做過千百遍的事情呢？如果你才華洋溢，能力強，創意十足，聰明如你一定會覺得：「那麼簡單有什麼好練？為什麼不能直接上線？」

因為最簡單的，往往最難做到；最容易去做的事，也正是最容易不去做的事。名歌星余天曾感嘆說：「很多新人上節目之前都不練習，隨便就想上場，連我這種四十年資深歌星，接到通告後，一整個星期都在家裡練歌。」

也許有人會反駁說，有些人沒準備好，為何也會有機會？殊不知，機會不等於成功，有時在沒準備下得到機會，常是下一階段失敗的開始。

我常告訴初學者，你現就是在「打基礎」，一點懶都偷不得，大樓的基礎若是打得不夠寬不夠深，到以後，要再多放一根柱子或是加蓋一層樓，都可能會垮，你也無法再回頭去重打基礎了。

這幾年我們不斷聽到「創意」，講「成效」，我們希望快速學習、快速閱讀、快速記憶、快速成功。但是「還不會走，就想要跑。」當然很容易就摔得四腳朝天。

寧可辛苦一陣子，也不要辛苦一輩子

門采爾是德國著名畫家。一位畫家拜訪他訴苦說：「為什麼我畫一幅畫只需一天，而賣掉它卻要等上整整一年？」

門采爾聽了，嚴肅地說：「請倒過來試試，如果你花一年工夫去畫，只用一天，就能賣掉。」

青年畫家接受了門采爾的忠告，回去以後，苦練基本功，深入搜集素材，周密構思，用了近一年的工夫畫了一幅畫，果然，不到一天就把那幅畫賣掉了。

每當遭逢挫敗，除了可以讓我們發現問題和實力。這時更應該重新檢視自己，哪些基本功夫沒有做好？

台上三分鐘，台下十年功。滴水穿石，不是力量大，而是功夫下得深，一切都是從基本開始。

堅持自己的夢想之路絕不會是容易的，得一步步踏實地走。

堅持並不一定是指永遠做同一件事。它的真正意思是說，對你目前正在從事的工作集中精神，全力以赴；它的意思是說，要做得比以前更多一點、更好一點；它的意思是說，多讀幾遍、多練習幾次。

神經學家列維亭說：「一萬個小時的練習或訓練，是成為專家最起碼的要求。不管是作曲家、籃球選手、科幻小說作家、溜冰選手、職業鋼琴家、棋士等，一再印證這個數字：一萬個小時。」

當然，如果你自認不夠天才，一萬個小時顯然還是不夠的。

第2件事

凡事小心謹慎

孩子小時候是個粗心大王，作業不是做錯，就是漏做，數學計算符號也常看錯，甚至演算都對，在填入答案時卻填錯；還有每次都會忘東忘西，經常會把作業忘在家裡，平時玩玩具也是丟三落四的。有時，心裡很懊惱，忍不住總會叮嚀幾句：「為什麼做事不能留神，不能細心謹慎點？」

我觀察過許多學生，如果常常看錯題目、打翻東西、忘東忘西，通常是因為一心二用，他們沒有把心專注在正在做的事情上，往往手上還在做某件事的時候，心神早已移向下一件事。特別是在做習慣和熟練的事情，更容易心不在焉。

有一位很會爬樹的工人，命令徒弟爬到樹上去，把樹枝砍下來。工人在徒弟爬到很高的地方去時一句話都不說，但在不高的地方卻對徒弟說：「下來的時候要小心。」徒弟百思不解遂請教老師。於是老師說了這一段話：「其實道理很簡單，愈困難的地方，大家會比較注意，因此反而比較不會發生什麼閃失；反倒是比較簡單的地方，因為心情放鬆而疏忽，反而容易出錯。」

出事的往往都是「不小心」

這會有什麼後果？輕則走路撞柱子、踏進水溝、把洗面乳當成牙膏；重則影響功課、工作，甚至造成生命危險。

我曾看過建築工人因不留神從高樓摔落全身骨折；醫生粗心開錯刀而被罰金判刑；高材生在升學考試，太大意而與夢想的學校擦肩而過；還有個母親倒車不留心壓死自己四歲的女兒。悲劇發生，母親發瘋似地向女兒奔去，但還是無法挽回女兒的生命。

哈佛大學心理學家蘭格在他的書《留心》（*Mindfulness*）中告訴大家，一個不留心的行為怎樣導致了空難。在華盛頓哥倫比亞特區，一個冰天雪地的冬天，一架飛往佛羅里達的航班，駕駛和副駕駛都是習慣在溫暖天氣飛行的人。在起飛前的最後程式檢查中，出於習慣，他們將抗凍設備關閉。而這次他們是在冰天雪地之下飛行，結果飛機失事，七十四人不幸罹難。

錯誤都是在自以為熟練，漫不經心的時候發生的。

等事情發生，都已經太遲

我聽說，有個人開車闖紅燈被警察攔下來，那人鞠躬彎腰地認錯，直說：「對不起，我不是故意的，真的沒注意到，不小心才闖過去的。」那警察本想口頭告誡就放人，一聽到那駕駛這麼說，便拿出違規單來準備開單。

那人頻頻地賠不是，希望警察手下留情，可是警察完全不理會。開好單，將紅單交給駕駛時說了：「本來不想給你開單的，但聽你說你是不小心的，我決定要開給你罰單。知道為什麼嗎？如果你是因為有急事或什麼原因必須闖紅燈，當闖紅燈時你已有心理準備，你會注意周遭來車與狀況，確定安全無虞才會闖過去。但今天你是不小心的。這表示你完全心不在焉，沒注意路上的交通狀況，更不注意自身安全，萬一你這『不小心』出了事怎麼辦？『故意』闖紅燈的較少出事，出事的往往都是『不小心』。我現在給你一點小懲罰，這紅單可以讓你記取一點教訓，或許它還能挽救你的家庭幸福，還有另一個人的家庭幸福，所以這紅單一定要開！」

沒錯，「不小心」和習慣有關，比如平時做事馬虎，漫不經心，粗心慣了，隨時便不由自主地犯老毛病；所以一定要記取教訓。等事情發生了，就算說再多「對不起！」、「我不是故意的！」、「我是不小心的，以後不會再這樣！」之類不痛不癢的話，都已經太遲。

「不小心」說穿了就是「不專心」。

一邊走路，一邊滑手機，叫做視而不見。

一邊聊天，一邊在上網，叫做聽而不聞。

一邊吃飯，一邊看電視，叫做食不知味。

一邊上課，一邊看漫畫，叫做心不在焉。

一邊想東，一邊想著西，叫做心猿意馬。

一邊開車，一邊講電話，叫做命在旦夕。

想同時做好兩件事，一件都做不好，「逐二兔，不得一兔」，還可能出事。

第3件事

一個時間只做一件事

某家科技公司發布新款電視，廣告說這台電視同時可以看不同節目。有了這種功能，以後若碰到在同一時段的好節目，難以取捨，只要有一台電視就解決了。

但兩台一起看，真的可以「一舉兩得」？我是很懷疑。因為科學研究已證實，人腦並不具備同時做兩件事的能力，最多只能快速地從一件事轉移到另一件事。如果一雙眼睛同時盯兩個節目，必定目不暇給，心神不專。

像很多人在工作上能力不錯但績效卻不佳，許多兒童智力正常但學習落後，為什麼？因為心神不專。

再如，有人一邊開會一邊看手機，都認為自己「有聽到了」，但到了真正執行，才發現「一知半解」，導致最後失誤連連。學生注意力不足，不能專心聽講，導致學業成績低落。

最重要的事，你現在正在做的事

要提升專注力和效率最好的方法，就是「一個時間裡只做一件事。」這也是我給孩子的觀念。讀書時專心讀書，要玩就認真玩，工作時盡心工作。無論做什麼事情，都全心以赴，集中精力完成一件事情後再去做另外一件事情。

以前孩子下課或放假時，會想「偷個懶」，先看電視或先玩之後再寫功課。通常只要他們提出，我都會欣然答應。因為孩子的心已不在課業上，即便關掉電視或反覆提醒孩子專心也無濟於事。與其如此，不如允許孩子看完電視再做作業，心定了，作業才有品質。

反過來，也可以把作業時間定在他想看的節目播放或是從事的活動前一小時，這樣孩子多能精確有效地完成。

與一般刻板印象不同，我認識許多優秀、學測滿級分的學生，都是會讀書又會玩，做工作時也是。因為集中心力，所以能做得快又有效，就能夠有時間去完成更多的事。

專心的第一步，先拿掉讓你分心的東西

要是仍無法專心呢？曾有位學生問：「每次讀書才讀一下就開始想東想西，東摸摸西碰碰，要怎麼辦？」

首先安排好環境。看到書桌附近有任何會讓你分心的東西，

就盡量把它們移開，像是手機、小說、漫畫、圖卡、MP3……等等。要讓自己的牆上桌上隨時保持整潔，如果可以，沒事就整理房間一下，環境清潔，讀起書來自然比較不會煩躁。

當胡思亂想時，先釐清自己在想什麼，如果只是作白日夢，趕緊拉回現實。若是某些待辦事務，先把它寫下來，休息時再去處理；如果煩惱的問題無法處理，就把它擺在「週六清單」的盒子裡（這在後面文章裡會說明）。

要是仍舊無法專心，建議你改變讀書方式——從默讀變成朗讀，每個字都唸出來；或是邊讀邊記重點，只要真正做到眼、耳、口、手一起動，分心的現象就會大大改善。

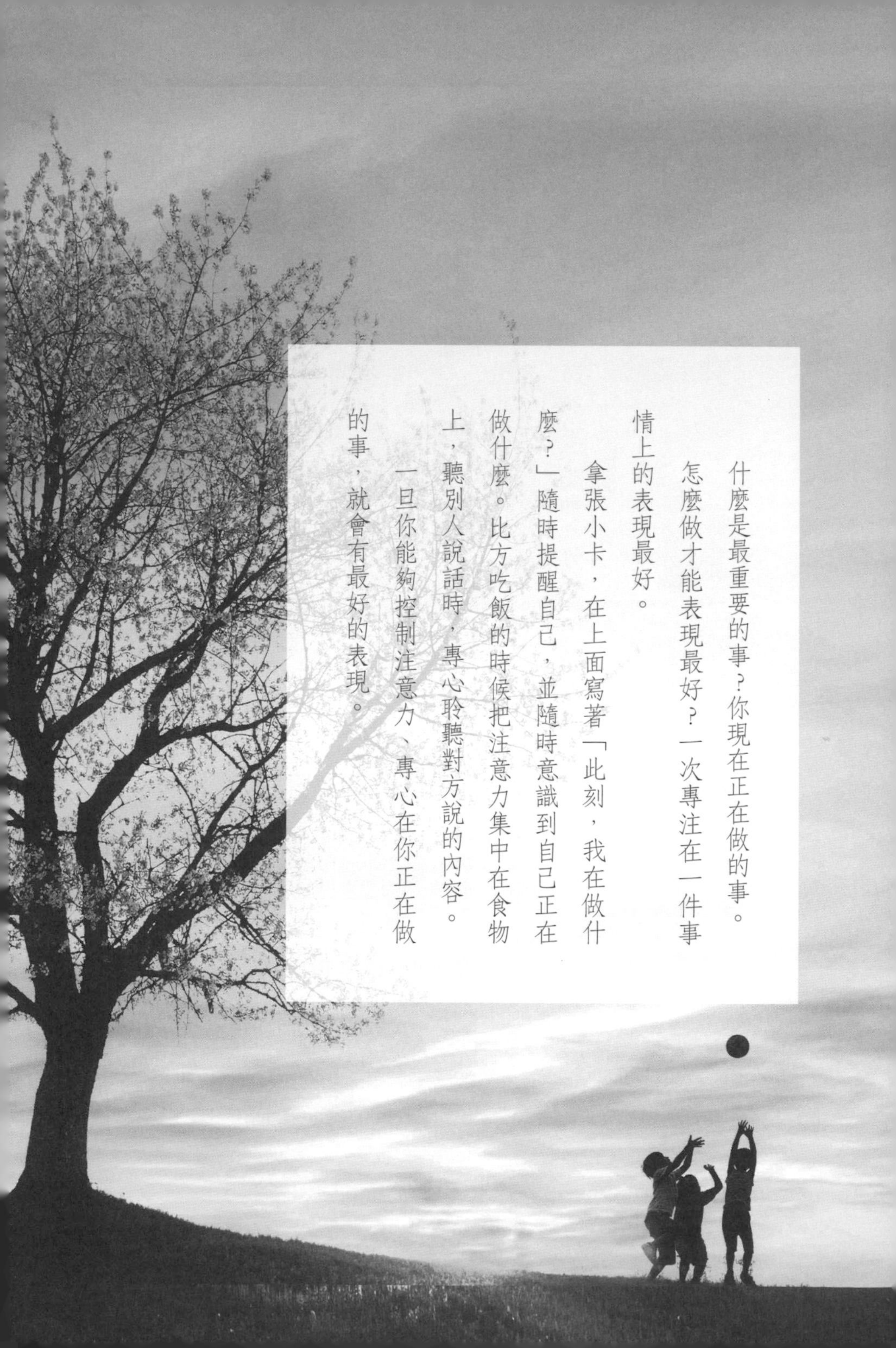

什麼是最重要的事？你現在正在做的事。

怎麼做才能表現最好？一次專注在一件事情上的表現最好。

拿張小卡，在上面寫著「此刻，我在做什麼？」隨時提醒自己，並隨時意識到自己正在做什麼。比方吃飯的時候把注意力集中在食物上，聽別人說話時，專心聆聽對方說的內容。

一旦你能夠控制注意力、專心在你正在做的事，就會有最好的表現。

第4件事

講究細節

前陣子，為了提升學生的學習效率，於是宣佈：「只要提前交報告的人就加分。」但我很快就後悔了。雖然許多報告是提前完成，卻是漏洞百出。這裡忘了寫，那裡沒做好。

想起孩子小時候，要他們整理自己房間也是一樣，姊弟倆三兩下就說：「做好了！」但當走進一看，怎麼地上踩到屑屑，還溼答答的。「這是怎麼回事？」原來他們為了求快，沒細心把桌上的紙屑和橡皮屑撥進垃圾桶，加上抹布沒擰乾就擦。當時覺得「算了，那只是小細節。」孩子有做就好。

「做事馬馬虎虎，粗枝大葉也會變習慣。」但媽媽卻堅持要做就必須做好。

當然，「她才是對的」。此後，孩子也明白了，做事必須做好才算做完。

做完「一堆事」，遠不如「做好一件事」

每當看到有人成功發達，人們常滿腹牢騷。自己努力也沒有比人家少，為什麼有些人可以升遷加薪、功成名就，自己卻徒勞無功？我認為，與其說「做了多少」，不如說「做得多好」；做完「一堆事」，遠不如「做好一件事」。

在這嚴酷的競爭社會中，只有比人家優秀的東西，才能夠給人留下印象。在條件相同的情況下，關鍵就在於品質，品質來自講究細節。如果在質的方面無法優於他人，沒有特色，就很難引起人們的注意。

同樣的產品，為什麼有人願意買更貴的？因為它比一般更講究細節。

同樣是表演藝術，為什麼有人表演或模仿特別好？因為他更講究細節。

同樣的雕刻、繪畫，為什麼有人可以出類拔萃？因為比別人更講究細節。

一位朋友的太太，連續幾年參加珠寶設計比賽，都獲得優勝。她告訴我的祕訣是這樣的：「其實不難，只要你做得比其他人好一點就可以了。」

所謂比其他人好一點，不也就是比別人更講究細節嗎？

細節，
你要更加用心才能看得見

藝術大師米開朗基羅，無論雕刻或是繪畫，總是花許多時間在那裡沉思、推敲、琢磨，力求完美。有一次，友人拜訪米開朗基羅，看見他正為一個雕像作最後的修飾。

然而過了一段日子，友人再度拜訪，看見他仍在修飾那尊雕像。友人責備他說：「我看你工作真的很沒效率。」米開朗基羅說：「我花許多時間在整修雕像，例如：讓眼睛更有神、膚色更亮麗、某部分肌肉更有力等。」

友人說：「這些都只是一些小細節啊！」

米開朗基羅說：「沒錯！這些都是小細節，不過把所有的小細節都處理妥當，雕像就變得完美了。」

所有的完美，都是由無數的細節堆砌而成。

我聽過有關前角博雄禪師的故事，他問一個木匠學生，是否能讓禪堂整修加快些。「基本上整修工作已完成，」學生回答：「只是有些細節部分待加強。」禪師震驚地站立一會兒，然後說：「但細節才是一切的關鍵呀！」

所以，我才說：事情「做了」，不等於「做完」，「做完」也不代表就「做好」。細節，你要更加用心才能看得見。

一般人習慣忽略細節，他們總會有一些理由可以自圓其說：

錯一點有什麼關係？

事情太多，沒注意到。

有看到，忘了改。

何必吹毛求疵，在雞蛋裡挑骨頭？

有句話說，「魔鬼盡在細節裡。」成也細節，敗也細節。

錯誤往往是一個人不經意的習慣，成功則是由許多的細節累積而成。細節決定你的競爭力；致勝關鍵，往往是被你忽略的小細節。

第5件事

要做，一次就把它做好

有許多事做半吊子比做好，所花費的時間和力氣是一樣的，甚至更多。

例如：把用過的東西擺放整齊是一個動作，而隨意亂放，也是個動作，但等下回要使用時，你就必須到處找。

油漆前不先在地上鋪好報紙，油漆完你就必須花更多時間整理地板。怕麻煩，結果更麻煩。

作業好好認真寫可能寫一遍就可以馬上去玩或休息，潦草應付的下場，反而得重做兩、三遍。

拖延不但沒減少痛苦，還延長痛苦的時間

說一則故事：有一個財主犯了罪，被帶到縣太爺那裡審問。縣太爺為了證明自己是個清官，提出了三種懲罰的方式讓財主選擇：第一種是罰五十兩銀子，第二種是抽五十皮鞭，第三種是生吃五斤大蒜。財主既怕花錢又怕挨打，就選擇了第三種。

在人們的圍觀下，財主開始吃大蒜，「吃大蒜倒不是什麼難事，這是最輕的懲罰了。」當吃下第一顆大蒜時，財主這樣想，可是愈往下吃愈感到難受，吃完兩斤大蒜的時候，他感覺自己的五臟六腑都在翻騰，像被烈火炙烤著一樣，他流著淚喊道：「我不吃大蒜了，我寧願挨五十皮鞭！」

執法的衙役剝去財主的衣服，把財主按到一條長板凳上，把皮鞭灑上鹽巴和辣椒粉，財主看了膽戰心驚，嚇得渾身發抖。當

皮鞭落到財主的背上時，財主像殺豬一樣嚎叫起來，打到第十下的時候，財主忍受不住痛苦地叫道：「青天大老爺啊，可憐可憐我吧，別再打我，罰我五十兩銀子吧！」

你是否也在做同樣的事？

既然早做、晚做都是要做，何不早一點做？

幾年前搬新家，才住進不久就發現和室木地板有異響。想到要重做工程浩大，房子會一團亂，所以一再延遲，還安慰自己「其實聲音不會很大，或許聽久了就習慣」。後來聲音愈來愈大，實在受不了。

於是聽了設計師的建議，從架高處挖洞檢查，「看看問題出在哪裡？」心裡雖知這樣也「於事無補」，但至少不是太麻煩，也就答應了。

沒想到挖了右邊看不出所以，隔陣子又挖了左邊；最後裝潢師父說，只能直接切開，就這樣地板被切開一大塊，結果還是看不出所以然……算了，算了！我決定整個敲開重做了。

作家拿破崙．希爾說，天下最悲哀的一句話就是：「我當時真應該那麼做，卻沒有那麼做。」這正是我當時的感受。

事後回想，其實只不過花幾個工作天，就可以一勞永逸。而這麼簡單的事，我竟然「不一次就把它做好」，白白浪費了原本可以享受的美好生活。

想一想，自己是否也是這樣，為了貪玩，課業就亂寫一通，為了偷懶做事半吊子，後來才被父母師長責備，被要求重做。如果當時能一次就做好，就不必遭人責罰，日後別人對你的看法也會改觀。為什麼你不這麼做？

有些事，既然早做、晚做都是要做，何不早一點做？拖延面對痛苦，不但沒減少痛苦，還延長痛苦的時間。何苦呢？

事情麻煩常陷於兩難的抉擇，而「難易」通常意指「欲達成目的、目標所需花費的力氣多寡！」花費的力氣多稱之為難，反之，花費的力氣少稱之為易。

知難行易與知易行難，何者正確並沒有一定準則。但有一點可以確定的是，做任何事若以「知難行易」為原則，常會讓你有意想不到的美好結果。反之，「知易行難」，你將發現今天不做，明天後悔。今天不走，明天就要用跑的。

該解決的問題，就即早面對吧！

第6件事

不要等到明天

「明天再做吧！」這句話常被當作我們計畫中要讀的書，要打的電話，或是要做的事，一延再延的託辭。

一般人處理問題，都同時犯了同樣的錯誤。心裡雖然焦慮，但還是不想面對，或再等一下……「反正還有時間，先上網逛逛，看看手機或是聽聽音樂」……直到時間不夠了，才懊惱「唉呀，真的來不及了，明天我一定要早點開始。」每次總是告訴自己，但卻一次又一次的食言，怎麼樣也擺脫不掉拖延的壞習慣。

只要拖延，就不必面對

為什麼要繼續拖延？

最明顯的是，拖延可以逃避不想做的事。聽聽下面的對話：

媽媽：「小明來幫我一個忙。」

小明：「等一下！」

媽媽：「等什麼等啊，我自己做好了。」

小明：「我就在等妳這句話。」

只要你繼續拖延，可能會有人幫你做，不但省去麻煩，又不必負責；而且如果拖得夠久，就算你必須去做，也可以為自己做得不好找理由。「時間太匆促了嘛！」這也是有人每次都等到最後一刻，才匆忙趕在期限之前完成的原因。

另一個常見的原因是害怕失敗。因為擔心受到批評或責罵，所以不願意去做自己不擅長或是不熟悉的事情。特別是要求完美的人，往往非得要把所有細節都想清楚了，才會採取行動。但問題就在，愈是拖延，內心的焦慮、罪惡感只會有增無減，壓力也就愈來愈大。

明天不會更好，除非你今天先變好

那該怎麼辦？以下是我認為有助於克服拖延習性的技巧。

一、列出「一直想做但沒做」的工作清單

用一張白紙，寫下你未做或未完成的事情。寫完後，列出做這件事帶來的好處，再列出因懶惰而拖延所引起的所有壞處，這種方式有助於產生做事的熱忱與行動力。

二、先求有，再求好

從你能做的開始做。把工作分割為便於處理的小單位，每天能多做一點就多做一點。短期目標先要求「有」就好，長期目標再求「好」。別擔心不夠完美，那會讓你永遠「跨不出第一步」。

三、想到就做

凡事起頭難。當我們靜止不動時，是最難啟動的；而一啟動後，大多數人都會保持運轉不息。

所以，要改變最快的方法就是「想到就做」。你若想寫報告，那就馬上去寫，不用多，先寫一段就可以；馬上去洗你的衣服，打開水放入洗衣精，然後按下按鈕；若想運動，立刻把電腦關掉，換上運動服出去……就這樣。有句話說：「再長的路，一步步也能走完；再短的路，不邁開雙腳就無法到達。」快踏出你的第一步吧！

西班牙諺語：「明天通常是一年裡最忙的日子。」為什麼？因為人們總是把不想做的事拖到明天。

「明日復明日，明日何其多？我生待明日，萬事成蹉跎，人生苦被明日累，春去秋來老將至……」的語句至今仍朗朗上口，但你的人生是否還在「等明天」中白白流逝？千萬不要養成因循拖延的惡習，不要虛度光陰，不要把今日的事推到明天去做。否則將一事無成，老大徒傷悲。

你有什麼該去做、想去做，又還沒去做的事嗎？現在就快去做吧！如果你真的想做，為什麼要拖延到明天？

第7件事

凡事全力以赴

有人說：「這個世界上絕大部分的人都是懷才不遇的。因為只有極少數人對自己的工作和收入狀況感到滿意。」

也有人說：「根本就沒有懷才不遇這種事，就算有，大多也是自己造成的，因為無法展現才能本身就是自己能力不足，要怪只能怪自己。」

這兩種說法我基本都同意，只是大家除了不滿和牢騷外，是否想過，為什麼有人能「懷才而遇」，甚至「不才而遇」？

是金子在哪裡都會發光

有個自以為很有才華的年輕人，一直無法獲得上司的重用，由於不能得志，他頻頻換工作，心情非常沮喪。他去請教牧師，想要知道為何上帝對他如此不公。

牧師為了安撫年輕人的情緒，便帶他到庭園散步，一邊走一邊聊。經過一堆石頭時，他們停了下來，牧師隨便撿起一塊小石子，扔在石頭堆上，問年輕人：「你能找到剛扔出去的那塊石子嗎？」

「不能。」年輕人面有難色地搖搖頭。

牧師把手指上的金戒指取下來，扔到石頭堆上，又問：「你能找到我剛才扔出去的金戒指嗎？」

「能。」年輕人一下子就找到了金戒指。

「你現在明白了嗎？」年輕人低頭想了一下，興奮地回答：「我明白了。」

是金子在哪裡都會發光。當我們認為自己懷才不遇時，先不要責怪別人，不要怨沒遇到伯樂，要反問自己：你有放對位置嗎？你有把握時機嗎？你有好的態度嗎？你想成為人上人，但你願意吃得苦中苦嗎？

不管別人怎麼摸魚，一樣認真捕魚

網路流傳一則故事：美國前參謀長聯席會議主席柯林．鮑威爾回憶他在汽水廠抹地板時的經驗，以下是原文：

有人對我講三個掘溝人的故事。

一個持著鏟子說他將來一定會做老闆。

第二個抱怨工作時間長，報酬低。

第三個只是低頭挖溝。

過了若干年，第一個仍在持著鏟子；第二個虛報工傷，找到藉口退休。第三個呢？他成了那家公司的老闆。

這個故事的教訓是：不管你做什麼，總有人在意你。

所以我打定主意，要做個最好的抹地工人。

有一次，有人打碎了五十箱汽水，弄得滿地都是黏乎乎的棕色泡沫。我很生氣，但還是忍著性子抹乾淨地板。過了不久，工頭對我說：「你抹地板抹得真乾淨。」

第二年我被調往裝瓶部，第三年晉升為副工頭。

以後我始終緊記這個道理：凡事全力以赴，總有人在意的。

沒錯，人會幫助自己所在乎的人，也會在乎那些對事情在乎的人。

你為別人做的，其實是為自己做的

每次有學生問，「應徵工作時，要注意些什麼？」我通常都會反問他們：「如果你是老闆，你會要什麼樣的員工？」

我發覺現在的年輕人對待遇、福利、獎金等等都很會計算，也很計較，他們關心有沒有好前途，有沒有好收入，有沒有好的升遷機會，卻很少人關心自己要怎麼認真做好那份工作。

他們不知道嗎？除非能把那份工作做好，否則又怎麼可能有好的升遷，沒有好的升遷又怎麼能有好的收入，有好的前途呢？

有人說：「我何必為老闆賣命？」此觀念大錯特錯，所有努力「都是為自己」。

要想脫離懷才不遇，我建議大家，每天逼自己做一點不想做的事。因為好做的事，大家搶著做，你的努力不容易被發現；不

如逆向思考，做一些別人不願做的事，相信我，凡事全力以赴，

總有人在意的。

你認真，別人就把你當真。

認真其實就是「當真」——做什麼像什麼。

例如：有兩個人在打掃，第一個人只拿掃把、抹布隨便亂甩幾下，相對的，第二個人掃地時，把角落和櫃子底下都掃得乾乾淨淨，把窗戶擦得亮晶晶，室內打掃得一塵不染，從這小細節就可以看出，一個人認真與否。

記住，不管別人怎麼混水摸魚，一樣認真捕魚。

今天你工作努力認真，有些好機會，可能就降臨在你身上。

今天你是做業務員的，對客戶認真，有訂單可能就想到你。

今天你對朋友認真，你對家庭認真，你對感情認真，那麼每個人就把你當真。

第8件事

善用時間

世界上有一種銀行，每天都在每個人的帳戶裡存入一定額度讓你使用，如果你不用完也沒有利息與餘額，那是什麼呢？沒錯，就是時間。

人生在許多地方有不公平之處，但每個人一天所擁有的時間，無庸置疑是公平的。你的一天和企業總裁、權威人士、考試榜首，或是莎士比亞、愛因斯坦的一天，同樣是二十四小時。唯一不同是，你怎麼用？

只要我們能善用時間，就永遠不愁時間不夠用

一般人常抱怨時間不夠用，並不是他們缺少時間；有些人能夠做很多的事情，也不是有更多的時間，而是他們更善於利用時間。尤其是平常最被忽視零散破碎的時間。

就我來說，假設排定開會的行程，那麼在開始正式會議前，以及會議結束後，大約各多出二十分鐘，我會利用這段時間擬定計畫，或把一些靈感記下來。

以前常搭火車，原本只能發悶地坐車，後來我隨身帶一、兩本書，有空就閱讀，幾年下來就增加許多知識，很多基礎也是在那時候打好的。

如果你是一個學生，平常坐車時、上廁所時、甚至無所事事的時候，可以背一些英文單字、成語或詩詞。出門時將你想背的

東西寫在一張張的小紙上，隨身攜帶，有空的時候就拿出來背背。久而久之，聚沙可以成塔。

如果你是上班族，每天上下班的通勤時間，等人、等開會的空檔，也別忘了好好利用。恍恍惚惚就過了十分鐘空檔的人，一天裡頭可能會浪費五、六個空檔。算一算一天下來，就是一個小時，幾年累積下來，有多少時間被浪費掉？你一定會大吃一驚。

在投資什麼都跌的時代，投資自己準沒錯

有人或許會說時間零碎難規劃，但是當你下班、下課後，整個時間都是你的，你有妥善安排嗎？

日本的經營之神松下幸之助先生曾經說過：「想知道一個人會有什麼成就，可以看他在晚上的時間做什麼。如果能夠善用七

點到十點鐘的人，他的成就將比一般人高出兩倍。」

如果你不滿意現在你的生活，想想看這三、五年來，你每天晚上都在做什麼？以後你想過不一樣的生活，就要從現在學習投資自己。

這裡提供幾點給大家參考：

投資更豐富的內涵：多閱讀、美學藝術欣賞，豐富自己的心靈生活。

投資更優勢的專業：不斷進修、學習新技能，才不會輕易被超越。

投資更美滿的關係：花時間用心跟家人朋友共處，這是你最重要的資產。

投資更期待的未來：找到自己真正喜歡做的事，著手去做，為下一份工作或創業做準備。

在投資什麼都跌的時代，投資自己準沒錯。從二十年前開始，我每天都提早一小時起床寫作，下班後再寫兩個小時，就這樣不知不覺，如今我寫的書也累計五十本。有人說：「時間就像一張網，你撒在哪裡，你的收穫就在哪裡。」一點都沒錯。

時間無法管理。錢沒花可以存起來，第二天繼續花，但時間要怎麼管理呢？它不能存起來。不管我們做什麼，時間還是一點一滴流逝。如果你沒能適當使用這些時間，只能白白浪費掉。

所以要做時間管理，先管好自己。

算算看，你每天花多少時間在無意義的閒聊、看電視和打電玩？現在請誠實作答，是一、兩個小時或更多？

如果你每天把這些時間來投資自己，那麼幾年下來，你會有什麼不同呢？

時間就是金錢。想想看，你在哪些事和人身上花最多錢？值得嗎？

去看看那些有夢想的人都在做什麼，善用時間快點跟著做吧！

第9件事

要事為先，緊急不急

每個人都想在短時間內實現自己的目標，得到更好的成績、達成業績，完成更多的計畫。然而奇怪的是，即使你每天都做了很好的規劃，結果一天下來，真正要做的事沒有完成，無關緊要的事卻做了很多。

追根究源，多數人都因緊急的事而忽略了重要的事。例如，趕著報告、回覆別人轉寄的e-mail，定點打卡、趕上節目演出時間，緊迫的截止日期等等。這些事情好像很緊急，但不一定和真正重要的事有密切關係。

拿寫書來說，我可能常花時間回電話、郵件，或是受邀採訪、演講，但如果我不著手書寫，我的書就不會完成。如果我常為這些緊急的事忙碌，很容易影響到更長遠的目標。

重要的事如果不予理會，遲早會變成緊急的事

要怎麼區分「緊急」與「重要」的事？簡單地說，緊急的事就是馬上要去處理的事情，而重要的事則是會在長期產生影響的事情。

你可以在周遭很輕易地發現有這兩種人：一種是每天都很拚命，但成果並不理想，表現也差強人意；另一種是每天很輕鬆，但成果甚佳，表現亮眼。

因為第一種人總是在處理急迫的事情，比如：趕著赴約、隔天要交的功課，達成要求的業績等。而第二種人則是把目光集中

到重要但不緊急的事情，比如：學習外語，提升人際關係，提高自己寫作和表達能力等。

趕赴約會是緊急的，安全抵達是重要的。在截止日前完成是緊急的，掌握品質是重要的。把東西賣出去是緊急的，提供好的服務提高回客率是重要的。

我們必須集中力量先處理「重要但不緊急」的事情，因為重要的事情如果不予理會，遲早會變成緊急的事情，就成了危機。健康危機、金錢危機、事業危機、家庭危機。

你一定有類似的經驗，一直很想做某件事，想了幾年還是沒做，不是很想做嗎？因為它不急，像很多人學英文，總認為那是「不急」的事，直到有天要用到或被公司派到國外做案子的時候，才悔不當初。再如只顧著忙於工作、應酬，卻忽略了另一半或是小孩。最後形同陌路、貌合神離，到底何者重要？

時間管理的精髓，就是永遠先做重要的事情

世界上所有的人的時間都一樣，有些人之所以比別人成功，是因為他們能夠集中精力在最重要的事情上，而不是為了那些與目標無關的問題疲於奔命。

耶魯大學的布魯姆菲德醫師，一定很有體悟，他說：避免浪費時間的一個方法是，每天定時問自己一個簡單的問題：「我現在所做的是不是最重要的事？」

我完全認同。在省思這個問題之前，我原本也是個救火隊，只要事情一來臨就立刻反應的人。目標完成經常遙遙無期，尤其是對我最重要的計畫，就像寫書、寫論文。

於是我開始檢討自己，我看到自己的習慣，然後每件事開始有了改變。我不再事事必躬親，不再被眼前的事物牽著跑。當舊

的習慣又犯時，我會制止自己，將注意力帶回到第一優先要做的事。果然不久就發現，工作的效率提高了數倍，連陪家人時間也變多。

如果你想體驗這種感覺，我建議你可以試著這樣問自己：「這重要嗎？」、「有多重要？」前一個問題可以讓我們清楚事情的重要性，避免將時間浪費在無謂的瑣事上。後面的問題可以讓我們弄清楚事情的優先順序，把眼界放遠，而不是永遠都在做「救火」的工作。

永遠要先做重要的事情，不要讓自己被緊急卻不重要的事情所分心。

時間管理的原則，就是「要事為先，緊急不急」。

下面步驟能幫助你掌握重點，有效地利用時間：

＊每天將要做的事情表列出來。

＊決定最重要的事情，畫上記號「A」，次重要的事情畫上記號「B」，其他的事情則畫上記號「C」。

＊在「A」事情沒有完成之前，不要花時間在「B」事情和「C」事情上，直到「B」事情和「C」事情變成「A」事情。

要把最重要的事擺在第一位，才是所謂「要事第一（First Things First）」，如果你一向急事先做，該好好檢討了。

第10件事

別急著吃棉花糖

看到糖果就馬上要吃，等一下都不行；看到喜歡東西就想買，不買就受不了；遇到無法解決的事情就會立刻放棄……如果你家有這樣的孩子，或者你就是這樣，要注意了！

相信許多人都聽過「棉花糖理論」。這是史丹佛大學著名的心理實驗：棉花糖就放在一群幼稚園的孩子眼前，如果可以忍耐十五分鐘不偷吃，將可獲得另外一顆棉花糖作獎賞。那麼，你會吃或不吃？

這實驗的重點是後來的追蹤發現。當年「忍耐型」的小孩，長大後較具自信，面對困難時較不輕言放棄，社會的適應能力也較佳；而當年「衝動型」的孩子，在未來發展傾向上則缺乏上述品質，進入青春期後，遇到挫折容易心煩意亂，遇到壓力就退縮不前或不知所措，出現心理問題的人也相對較多。

換句話說，「能忍耐」的孩子的成就遠遠高於那些「不能等待」的孩子。

犧牲眼前短利，成就長遠的利益

從小我常給孩子「延遲滿足」的練習。

比方，每次到書局或百貨公司，我會讓兩個孩子「比賽」，看誰能克制「購買衝動」，並給予鼓勵。「你今天不吃糖，明天請你客。」、「你這次沒吵著買東西，改天買禮物送你。」這種延遲滿足的效果很好，我發現只要將報酬延後，大腦前額皮質的克制能力就占上風，孩子的自制力就跟著提高，也較願意等待。

其次，儲蓄也是個好方法。孩子小時候，每逢過年過節或有好表現，爺爺奶奶、親友都會給他們零花錢、壓歲錢、紅包等。於是，媽媽就給他們各自買來一個存錢罐，讓他們把所得的錢存到裡面。以後碰到親友生日想買禮物，或是自己有需要的時候，就可以用上。讓他們從小明白，「現在把錢省下，以後積累起來買更值得的東西。」

記得兒子有一次從學校回來，他告訴我：「某某同學有什麼，可是我都沒有！」孩子因為一時虛榮「想要」的物品，卻不一定「需要」，我要他想清楚「確認自己真正需要嗎？」、「值得嗎？」隔天，他自己跑來跟我說：「算了，我覺得不需要。」透過「延遲購買」的過程，孩子不但學會克服欲望，還能培養正確的金錢觀。

犧牲眼前的享樂，成就人生更大的幸福

別小看「忍一忍」、「等一等」的能力，這也是訓練挫折容忍力的第一步，更是造就未來的一大步。很多父母不忍心拒絕要求，讓孩子養成予取予求的習慣，他的挫折忍受力就會很低，不僅養大孩子胃口，也讓他學不會珍惜。

延遲滿足就是讓孩子知道，成功是需要先付出。許多人之所以失敗，即敗在短視近利，先樂後苦，一旦美好的過去，也沒有任何誘因和獎勵值得期待了，以致從快樂開始以痛苦結束。

東晉時的大畫家顧愷之，平常吃甘蔗時和一般人不同，他總是從甘蔗的尾端先吃，再順著吃，一直吃到甘蔗根。大家都覺得很納悶，他為什麼要這樣倒著吃甘蔗。於是有人問他說：「您吃甘蔗，為什麼不從甘蔗根先吃呢？」顧愷之笑著說：「甘蔗根比

甘蔗尾甜。我從甘蔗尾吃起，愈吃愈甜，是漸漸達到好境界啊！」

「倒吃甘蔗，漸入佳境」的典故因此而來。

如果說「延遲滿足」，是在教我們犧牲眼前短利，成就長遠的利益；那麼「倒吃甘蔗」，即在提醒大家犧牲眼前的享樂，成就人生更大的幸福。總之就是「別急著吃棉花糖」！

「延遲滿足」，首先要去學習控制「現在、馬上、就要」的衝動。

以我女兒為例，她偶爾也想上網、打 iPad、看小說，跟同學出去逛街，但她總會告訴自己：「等寫好作業」或「等考完段考再說」。

每天作功課和複習，她習慣在一開始精神比較好的時候，先完成最難的部分（通常是數學或物理），再做其他科目，而最喜歡的像美術、勞作等放在最後面。

因為這「忍一忍」、「等一等」的能力一再提升，課業雖愈來愈重，但她卻像倒吃甘蔗，漸入佳境。

第11件事

養成好習慣

假如你有一個小孩，你一向都允許他可以喝飲料。現在你決定要這個小孩只能喝白開水。你想，他會有什麼反應？

小孩一定會反抗、生氣，甚至踢打、哭鬧。如果你就此妥協，小孩以後就會以同樣方式操縱你。反過來，如果你很堅持地固守自己的決定，反抗就會遞減，直到新習慣養成了，也就習以為常。

習慣，是很可怕的。因為習慣，會覺得理所當然。因為習以為常，慢慢就變成積習難改。

一旦形成，往往會伴隨一生，後患無窮

以前我不是很認同「管教」這件事，總覺得孩子應該「順其自然」，而不是管東管西。

有一次吃飯的場合，旁邊坐了一位老師。聊天中她談起自己教養小孩的經驗，記得她說：「小時候要盯緊一點，把習慣培養好，以後就輕鬆了。」

想想也對，教育的目的就是培養習慣，增強能力，而好習慣「不嚴格」是養不起來的。像是坐姿禮儀、清潔衛生、做事態度或飲食習慣等等，當開始有偏差時，先做糾正還不困難，一旦養成習慣後，要改就難了。

當我們注視鐘錶的短針時，很難發現它的移動，但一天當中竟轉了兩圈。當我們有一個習慣，最初只是一條細線，不斷地盤

繞成巨索，最後把自己綑綁住。

最近的新聞：一名十三歲的國中生，愛喝含糖飲料，每天喝五、六杯，從小就是個小胖弟，直到出現疲憊、上課提不起勁來，家長帶來看醫生，才發現是得了糖尿病。

有位年輕小姐長期久坐又愛蹺腳，結果導致骨刺。經過手術後，才脫離椎心刺骨的疼痛。半個月前，她又在家上網，結果在電腦前一坐就是三個小時，而且還半盤著腳。直到她想起身做家事，突然腰部一陣劇痛，寸步難行，被救護車送到醫院。

一位年輕人最初只是好奇而已，「拉K」紓壓，沒想到後來毒癮愈來愈大，不僅腦細胞嚴重受損，還面臨長期洗腎的後果。

這就是習慣的可怕，一旦形成，往往會伴隨一生，後患無窮。

造成習慣的就是自己，除掉習慣只能靠自己

要除掉舊習慣，最好的方法是培養新習慣。麻省理工學院Ann Graybiel教授發現當習慣養成後，在腦部會形成特定的神經活性模式，所以積習難改。新習慣的養成也是一樣，只要不斷重複，以相同的方式，一而再，再而三地從事相同的事情。

我想起幾天前我問兒子，你現在怎麼這麼棒，都不用提醒就會自己摺好衣服、棉被，還會自動整理房間。「我也不知道，習慣了吧！」他的回答讓我欣喜。自然就是「不必刻意費心，仿佛本來就是那樣」，這就是習慣。

是啊！「少成若天性，習慣成自然」。美國的小羅斯福總統，每天睡前無論再忙，都一定要自己洗襪子。服侍他的僕人說：「總統先生啊，您日理萬機，這個就讓我們來代勞吧！」小

羅斯福總統的回答是：「從小我就養成這個習慣了，因為媽媽說臭襪子一定要自己洗，所以一天不洗都覺得不舒服。而且我一洗襪子，就會想起媽媽，也感念媽媽的辛勞。」

就像培根說的：「我們起初造成習慣，之後習慣造成我們。」從現在起著手你的計畫吧，開一張「好習慣」清單，只要堅持地固守自己的決定，日復一日地執行，下回當有人問起，你也可以大聲說出這句話：「我習慣了」！

習慣的可怕就在，看到後果之前，通常都不以為意；而看到後果之後，卻後悔都來不及。例如：

晚睡覺的習慣。因睡眠不足引發行為問題、易怒和學習成績差等後果。

愛吃甜點的習慣。影響發育，造成肥胖、血糖血脂上升，引發心血管疾病。

長期低頭看手機的習慣。眼睛乾澀、近視加深，壓迫椎動脈而誘發頸椎病。

亂花錢的習慣。經常買不需要的東西，以後就買不起需要的東西。

半途而廢的習慣。做事龍頭蛇尾，往往徒勞無功，一事無成。

吸麻醉品的習慣。短暫的心理麻痺，換來了長期的心靈癱瘓。

所以有人說：「命好不如習慣好。」好的習慣使人立於不敗之地，壞的習慣讓人一敗塗地。習慣不好，再好的命都會被搞慘敗掉！

第12件事

別只是希望，要下決心

「如果可以，我希望明年能考上高考。」幾天前一位讀者寫信給我，她說自己已經考了三年，原本想放棄，看了我的幾篇文章後改變了主意，想再試試看。心裡雖感到欣慰，但不免為她擔心。畢竟，成功不能只是希望，要下定決心。

話說有個小孩在廣場上玩籃球時，不小心掉了一枚隱形眼鏡的鏡片。他遍尋不著，便回家告訴母親，母親馬上跟出去找，幾分鐘後便找到了鏡片。

「媽，我的確仔細找過，」孩子說：「妳怎麼找到的？」

「我們找的不是同一種東西，」母親回答：「你只是在找一塊塑膠片，我是在找三千塊錢。」

「想找到」和「一定要找到」完全不同。一個人只是「想要」成功，難以成功，成功必須是「一定要」。關鍵就在你的決心。

你的成就，只能增加至你最願意付出的程度

在一則古老的寓言故事裡，提到一隻大言不慚的狗，牠常常在人前誇自己跑得比飛毛腿還快。一天，這隻狗追隻兔子，追了老半天卻空手而回。於是同伴們就大肆譏諷，笑牠沒用。狗兒開口說話了：「你們要明白一點，我追兔子純粹為了好玩，而兔子卻是為了生存！」

狗之所以不盡全力，就因為牠覺得無關緊要，但對兔子來說，卻是性命攸關的大事。這也是決心的問題。

下決心當然會讓人卻步，因為「決心」通常意味著「失去」；失去習慣已久的生活、嗜好、自由、享受。但是，正因為如此，人生才從此改變。你覺得自己是一隻蝴蝶，卻過著毛毛蟲的日子。蝴蝶最大的恐懼是：「如果我開始過不同的生活，我那些毛毛蟲朋友會怎麼想？」

記得以前準備國考的時候，每逢週末都躲在房間埋頭苦讀。一個星期天，朋友偕同去溪頭玩，抵達後給我電話說：「你沒有跟我們一起真可惜。」我起初埋怨他們，接著又自憐起來：為什麼人家出去玩，我卻要獨坐在房裡？但我馬上提醒自己：獨留家中是為了遠大的理想，於是又打起精神繼續努力。

有人說：「你的效率，只能增加至你最願意付出的程度！」在此，我要說的亦是：「你的成就，只能增加至你最願意付出的程度！」意願產生能力。當一個人找到自己的人生目標時，他就可以忍受各種痛苦，並在這個過程中獲得滿足。

成功的人，只不過比別人多一份決心而已

人們喜歡高談闊論，他們想要成功、想達成夢想，但是怕苦怕累又貪玩，結果往往流於空談、半途而廢。人的意志力，往往很軟弱。因此，想要成功，就必須有「壯士斷腕」、「破釜沉舟」的決心。

這典故許多人應該聽過：蜀國的邊遠山區有兩個和尚，一個窮，一個富，他們都想去當時的佛教聖地「南海」。一天，窮和尚對富和尚說：「我打算去一趟南海，你覺得怎麼樣？」

富和尚說：「我沒有聽錯吧！你想去南海？你憑藉什麼東西去南海啊？」

窮和尚說：「我帶一個水瓶，一個飯缽就行了。」

富和尚聽了哈哈大笑，說：「我幾年前就做準備去南海了，

但路上艱難險阻多得很，等我買一條大船，準備充足後就可以去南海了。你憑一個水瓶和一個飯缽怎麼可能到達南海呢？還是算了吧，別作白日夢了！」

窮和尚不再與富和尚爭執，第二天就步行前往南海了。

一年後，窮和尚從南海朝聖回來，而富和尚還在準備買他的大船呢。

成敗源於你是想要，還是一定要。如果僅僅是想要，可能什麼都得不到；如果是一定要，那就一定有方法可以得到。一個有堅定心念的人，勝過一百個只有興趣的人。

引述拿破崙的話：「我成功，是因為我志在成功。」當你極度想飛，可以放棄當一隻毛毛蟲，就變成蝴蝶。

「你有沒有去做一件事情，是看你有沒有夠大的意願想去做這件事。」這句話我在課堂上常提到。只有意圖改變時，結果才會改變，相同的道理，只有意圖改變時，行為才會改變，因為行為是由意圖而來。

從現在起，下定決心：

＊起得更早。

＊練習更多次。

＊提供更多服務。

＊付出更多努力。

＊一定要達成目標。

失敗者耽於娛樂，追求「即時的滿足」。成功者投入長期正面效益的事，追求「未來的滿足」。

失敗者沒有決心，通常都草草了事；成功者下決心，天下無難事。

第13件事

找到能讓你跳下床的目標

「你今天為何起床？」每當我問學生這問題時，大多數會以不可置信的眼光看著我，好像我有毛病似的，所以，我都會再重複問一次：「你今天為何起床？」

「沒辦法，要上課、要工作賺錢啊！」每當聽到這類回答，我總忍不住問：「那是不是不用，也就不用起床了？」

有太多人渴望亮麗的人生，卻在日上三竿還賴床不起。人們有如夢遊者般，日復一日、年復一年；每天渾噩度過生活，他們從來不問：「自己人生要的是什麼？要如何實現？」人生沒有任何目標，無法啟動對生命的熱情，才會連起床的勁都沒有。

人只會擊中他們所瞄準的東西

為什麼目標如此重要？

想想看，如果你不知道自己追求什麼，那麼你想從生命中獲得什麼？

如果你沒有什麼目標，那麼你每天又是「為什麼」起床？曾看過一篇報導，裡面說有不少人在退休之後三年內便垂垂老矣、撒手西歸。這個統計說明了如果一個人失去了生活的目標，那麼很快地也就失去鬥志。當生命變得沒有意義的時候，我們的身體就像漏電一樣精力和活力都悄悄流失。

所以，我們必須知道自己內心深處想要的究竟是什麼，並定下目標。

我曾接觸過許多成功人士，跟他們談過話，他們有一個特點，那就是：他們百分之百知道自己要的是什麼。他們對未來的理想前景都有一張清晰的藍圖，驅策他們。

耶魯大學的研究也發現，百分之三為自己有效設定目標的人，經過十年後的成就與表現，是沒有設定有效目標人的十倍。

當然，如果你的目標只是混過白天，以便晚上能與啤酒和電視作伴，那麼你這輩子的成就大概就只有啤酒肚和白內障了，縱使有滿腹的夢想也是無濟於事。

重要的不是你的出發點，而是你的目標

現在就把你的願望寫下來。用「現在式」。例如，「我在生日前的目標是，體重能少五公斤，存款三十萬元，還有考試進前三名。」你可以把這目標改成：「我現在的體重少了五公斤，我

存款有三十萬元，我這次考前三名。」先假設你已經實現這個目標，這樣可以更加激勵你。

接著，看目標是否可以再放大一點。每個人都可以不同凡響，但你首先得先做不同凡響的事。

我想起女兒在準備這次期末考時，有點意興闌珊，「為什麼我想讀書卻讀不下？」她問。

「妳對這次考試有什麼期待嗎？」我反問，並要她自己再想一想。

「嗯，我希望不要退步！」她說。

「這就難怪了，」我說：「因為妳沒有更高的渴望，當然無法激起更多的熱情。」引述英國詩人拜倫的話：「一個人的想望應大於他的掌握，否則天堂便不值得嚮往。」

最後一點要記住的是，經常把達成目標的情況「視覺化」。每次你一想到它，腦海裡就出現畫面，你不只看到自己已實現願望，而且還聽到周遭所有人對你讚賞，看到他們敬佩的眼神，感覺到你內心興奮雀躍。一旦你真正體驗到那種滿足感，你自然精力充沛，變得神采飛揚，每天醒來都迫不及待跳下床。

人生的目標是什麼？有目標的人生即是人生的目標。

如果你的人生沒有方向，那是因為你沒有定下方向。

如果你的人生沒有成就，那是因為你不知道要成就什麼。

如果你的人生沒有意義，那是因為你還沒找到人生的意義。

美國知名作家暨醫師奧立佛．溫道爾．霍姆斯說得對：「人生之妙不在立足之處，而在前進的方向。」

重要的不是你的出發點，而是你的目標。

要怎麼達成？當朝你的目標前進時，就已經開始。所以，快點出發吧，別擔心你腳下的位置。

第14件事

既然自己選擇，就要自己承擔

親戚的兒子，高職畢業了，原本家人要他繼續唸大學，可是不愛唸書的他，似乎比較喜歡當上班族……

現在小孩說可憐，也可憐；說幸福，也幸福。很多事情都是父母安排好的，自己也沒學會負責。

要我說：我會尊重孩子的決定。不過，我會告訴孩子，你有選擇權，但你要有心理準備，當你到外面工作可能會遇到的狀況，以及將來想重回校園時，可能必須比別人付出更多心力。更重要的是：一旦決定了，就要自己負責——因為這是你的選擇。

選擇了希望，就要擔當失望

人面對不順遂，很容易演出自憐的戲碼，不自覺地就會開始抱怨、責怪，卻忘了「當初是誰決定的？」公司不好，是自己選的；髮型不對，是自己決定的；鞋子不好穿，是自己要買的；愛人有好多毛病，也是自己要的……其實，我們並沒有自己想的那麼無辜。就算問題不是你造成的，那也是你的選擇，自己也脫不了關係。

著名的古典經濟學家大衛．李嘉圖，在他九歲時，有一天，他在商店的櫥窗中看到一雙邊緣有皮毛的皮鞋；他非常喜歡，吵著要大人為他買下。

李嘉圖的父親不同意，認為這雙鞋子不適合他。可是他哭鬧不止，執意要買，最後父親同意了。可是有一個條件就是——買了就必須穿。

不過，在穿上皮鞋後，李嘉圖發現，其實這是一雙大木鞋，穿在街上走起來會「卡嗒卡嗒」地直響，惹得所有行人都回頭盯著他看。李嘉圖本想穿一雙獨特的鞋子，以滿足一下自己的虛榮心，結果卻穿著木鞋每天去丟臉。當時的心情，又悔又惱，每次走路都必須小心翼翼，以免發出那丟人的怪聲。

從此以後，他再也不敢任性與貪圖虛榮，也明白了自己的選擇，就沒有權利抱怨。

選擇自己所愛，愛自己的選擇

人生在世，要面對的選擇太多。選擇固然重要，而其實更重要的是如何看待和堅定已經決定的選擇。

妹婿在竹科工作，經常要加班出國，「妳先生那麼忙，妳能調適嗎？」有次見面我問妹妹。

「我很明白他的工作性質，」她說：「除了把小孩照顧好，能做的就是支持他，這是我的選擇。」

有位朋友談起創業的歷程，他的話讓我印象深刻：

「以前，家人都期望我去當個老師或者到公家機關上班，因為在他們認知裡，這些工作是相對有保障的，絕對餓不死的鐵飯碗，但我還是堅持做我自己喜歡的，既然做出這個選擇，好或壞我自己就要承擔，沒有其他的藉口，過得好，當然最好，過得不好，也要咬緊牙關撐過去，這不只是自己的責任，也是對周圍人的一種負責。」

說得好！既然決定離開巢穴，那就好好強化自己的羽翼，學會如何展翅飛翔。還是那句話——「既然自己選擇，就要自己承擔。」

沒有什麼選擇是絕對的對或錯，因為交叉路口上我們永遠只能往一個方向前進，你永遠只能看到其中一片風景。

不要頻頻回首自怨：「如果當初如何如何……」因為每一個岔口的選擇並沒有真正的好與壞，只是不同的故事而已。你要不是得到，就會學到。

怕會後悔，在一開始選擇時，就該好好三思：「我真的要做這樣的選擇嗎？」既然做了選擇，就要接受那個「結果」。

選擇你所愛的，愛你所選擇的。人生就是自己獨一無二的創作。

第 15 件事

看好自己的舌頭

這幾天因為阿碧要離職的關係，各種謠言四處流傳。

有人說，她是得罪了主管待不下去；有人說，她早就計畫好跳槽；還有人繪聲繪影說她跟某同事拍拖，被先生發現……各種聳人聽聞的謠傳四處流傳。

天啊！這到底是小圈子的狹隘，還是大環境的病態？

只是不管真相如何，那又關大家什麼事？就算是好朋友，並不代表一切什麼都知道。既不知道，這話能信嗎？

來說是非者，就是是非人

什麼是謠言？就是未經可靠來源證實的訊息。更明白地說，如果你說出去的話或是傳遞出的訊息未求證過，其實就是在散佈謠言。

相信或多或少許多人都當過主角，被傳過謠言。你或許感到莫名其妙，也許會覺得很受傷，因為那是子虛烏有，就算有些是真的，也不是自己想透露的事，感覺總是不舒服。更糟的是，當口耳相傳，添油加醋，事實早已失真了。

「來說是非者，就是是非人。」你看到什麼和聽到什麼，固然不由你；但你要說什麼，可就完全操之在你了。倘若你的好奇心實在太重，想了解真相，我建議你直接找當事人問清楚，但要記住「看好自己的舌頭」。

聖經上說：「往來傳舌的，洩漏密事；心中誠實的，遮隱事情。」（箴十一：13）能得到別人的信任是對你最高的肯定，那表示對方相信你是正直、可靠的人，是把你當成朋友。千萬別讓人看走眼了。

古希臘哲學家蘇格拉底也說過：「別聽信搬弄是非者的話，因為他不會出自善意，他既會揭發別人的隱私，當然也會同樣待你。」試想，如果有一天反過來換你被中傷，你會有什麼感想？

謠言出於智障，止於智者

要怎麼面對謠言？

既不是真的，就別當真。《荀子．大略》勸人：「流丸止於甌臾，流言止於智者。」滾動的彈珠會停在地上凹陷的地方，毫無根據的話語，傳到明辨是非的人那裡，就不會再流傳下去。

有道是：「誰人背後不說人？誰人背後無人說？」只要看一下書報雜誌，幾乎每天都有關於名人的謠言和闢謠的報導在傳播，因為嘴巴長在別人的臉上，我們也控制不了，與其急於辯解不如一笑置之。說一則故事：

有一個小女孩，某天放學後哭喪著臉回家，步入家門時，臉頰上還掛著清楚的淚痕。

父親看到，連忙關心地問：「怎麼了？發生了什麼事？」

小女孩哽咽地說：「同學說我不但長得醜，又很笨。」

父親沒有回答女兒的話，只是微微一笑，舉起手來，指著天花板說：「爸爸只要把手舉起來，就可以摸到那盞燈，妳相信嗎？」

「我不相信。」小女孩狐疑地看著爸爸：「天花板這麼高，這是不可能的。」

爸爸笑了：「有時候，人們會說一些話，但並非每一句都是真的。妳只要不相信就好。」

那就是為什麼文學家魯迅會說：「最高的輕蔑是無言，有時連眼珠也不轉一轉。」謠言既是無中生有、口說無憑，如果你道聽塗說，那是失德；如果你很在意，那是失智。所以唯一能做的就是「一笑置之」，根本不用把它當一回事。正所謂：「謠言出於智障，止於智者。」聰明的你，知道該怎麼做了吧！

猶太格言有說：「只要注意三件事，你將不至於陷入到罪惡的深淵；不過這三件事都超越於你的智慧之上。它們是：有一雙眼睛在看你，有一對耳朵在聽著你，你所有言行將被記錄於書裡。」

你的言語無時不在顯示你的人格和別人對你的觀感，沒有求證就不要亂說。說到別人時，要覺得他們彷彿就在你眼前，你會怎麼做？

在別人背後能做的最好的事，是輕拍其背，因為你永遠不知道，在背後說的話會不會傳到當事人的耳朵。

第16件事

善用別人對你的批評

有一次，我收到一位讀者的來信，信中對我有許多抱怨和批評，我大吃一驚。他說，女友讀了我寫的《愛，錯在哪裡？》這本書後，決定跟他分手。讀完信後，覺得一頭霧水，但想了想，或許某些話有欠周詳，因此造成誤解。

我寫了封信向他致歉，並感謝他的來信。他覺得驚訝，回信道：「我寫信罵你怎麼你還回信感謝？」他自承在提筆寫信時，原本是很氣的，但因為我那封信，他自省，覺得自己才是最該負責的人，最後還向我道歉。

我有個習慣是這樣，假如得知有人對我不滿，或是對某人生氣，我都會直接去找那個人談談。我的經驗告訴我，當我愈能夠直接面對一個得罪我的人，或是批評我的人，往往會有意想不到的幫助。彼此不但可以更加了解，還能讓關係有個新的開始。

幾乎每個人批評都是有感而發

我們都需要從別人的反應去得知我們有什麼事情做對了，有哪些做法還有待改善。如果我們不接受，或是讓別人不敢批評，就會在彼此之間累積怨恨。假如我們總是以牙還牙，反擊對方，也就什麼也學不到。

我最近接受別人的批評，是我的妻子告訴我：「你的話太多，跟人談話時，經常都不給別人表達的機會。」我記得當時也想反駁，後來才承認。我回答：「妳說得沒錯，我的確如此。」

她說的是真心話，我虛心受教。

幾乎每個人批評都是內心感受，否則他們就不會有感而發。幾乎每個意見都是有利於你，只要你能從中學習而非對抗。

人們付大把鈔票給醫生、律師、設計師、諮商師和顧問是為什麼？就是為了得到他們的忠告與建議。懂得善用別人給你的忠告，並不會減損你的自尊和能力，還會讓你更成長、更成熟，讓人對你另眼相看。你只要學會虛心接受。

這個時代講真話的人太少了

曾經跟一家公司的老總聊天時，談到員工的管理。他說：「現在的年輕人真糟，才說他們幾句就受不了。」

怎麼說呢？就是當上司指出他們錯誤時，要不是擺出一副臭臉，就是找出各種理由來為自己辯解。還有的更糟，馬上怒氣沖沖地回你一句：「我不幹了！」

他搖頭感嘆說：「人家指責你，其實也是在教導你。如果老認為這是在找碴、是挑毛病，那毛病又怎麼可能改善呢？」

別人觀察你的時候，能看出你沒有察覺的東西。人們之所以畏懼批評，說穿了，就是因為批評使我們面對自己。批評就好像有人拿鏡子在你面前，如果你沒看清楚就推開，甚至把鏡子砸爛，對自己才是最大的損失。

人非聖賢，孰能無過？沒有人生下來什麼都會的，都是在不斷地學習、不斷地修正中，慢慢成長。都是藉著檢視自己的錯誤、反省自己的行為，為自己帶來提升。試想：「如果我們不願去了解自己的弱點和缺失，又如何成長精進？」

這個時代講真話的人太少了，有人願意指正你，而且還是免費的，你要好好善用，除非你不想聽真心話。

假如別人批評你，是錯的，你氣什麼？何必拿別人的錯來氣自己？

假如別人批評是對的，你又憑什麼生氣？如果有人指出你臉上的污點，你應該去感謝，而不是去咬人家的手指頭。

《菜根譚》書中有句話：「脾氣要變成志氣，意氣要變成財氣，怨氣要變成和氣，生氣要變成爭氣。」面對批評，重要的不是出一口氣，而是要爭一口氣。

第17件事

做你自己

每個人一出生都被賦予不同的特色，不同外貌、聲音、天賦才能、性格特質，從你身上呈現出來的每一點、每一滴都是獨一無二。許多人之所以不快樂，是因為他們不喜歡自己，總是拿自己與別人比較，希望他們不是現在這個樣子。

「如果我的個性像他一樣……」

「如果我的皮膚和她一樣……」

「要是我能再高一點，腿再細一點，頭髮不再毛躁分岔就好。」

人最大的煩惱是，不願如實地接納自己，常以厭惡的心態來看待或跟自己嘔氣，這樣又怎麼可能快樂？

缺陷是特色，劣勢成就優勢

你之所以為你，是因為你天生就是這樣。也許你眼睛小、屁股大，怎麼了？也許你眼袋深、腿很短又怎麼樣？「這就是我」，你必須先接受自己，才可能活出自我。

你看很多明星外貌其實也不怎麼樣，為什麼能展現獨特風采？因為他們真正接受自己。這並不代表他們不在乎自己的外表，相反地，他們很清楚自己的缺陷，但依然十分自在，甚至還大方地談論。一旦能展現自信，平庸的容貌也變得出眾，缺陷反成了個人品牌的特色。

也許你身材不好，也許你個性羞澀木訥，也許你的聲音像唐老鴨……你一點也不完美，有什麼關係？這樣你就不會被表面的光亮所耽誤，有助於挖掘自己內在的潛能。

記得年少時，我曾是個性內向木訥的人，在團體中很不起眼。每當輪到我發表意見的時候，常言不及義；一群朋友互相抬槓說笑，也常接不上話，當時總覺得自己該說點什麼，才不會顯得很拙。

後來，我想通了，「這就是我」、「做我自己，這就是真實的我」，當這個念頭閃過，一瞬間，心情頓時豁然開朗。我不再想刻意說些什麼，不刻意展現能力引起注目。此外，為了充實自己的內涵，我大量閱讀，也因此發掘出寫作的潛能。原本的劣勢反成就了另一種優勢。

做個原創者，而非盲目的模仿者

「你只能做你自己，因為其他角色都有人了！」這是我很喜歡的一句話。

想想看，假如你曾經在參加聚會時看到有人穿的衣服或提的包包跟你竟一模一樣，你會覺得如何？是不是有點尷尬，甚至覺得挫折，對嗎？事實上，更讓人挫折的是，有太多的人一直在做這樣的事——在模仿別人。我們本來都是原創的，可悲的是漸漸都成了盜版的。

人的一生一直和自己相處，如果你不做自己，那誰來幫你做呢？每個人注定要照自己的本質去生活，而不可能活出別人的樣子。雖然自己並不完美，但是別人未必會在意，如果連自己都不喜歡自己了，那怎麼能奢望別人欣賞你呢？

每個生命的誕生，都有他天賦的使命；每個人的個性，都是與眾不同；每一個人的樣子，都有自己的特色。快樂就是來自一種對不完美的認同。如果你能以目前的樣子來愛自己，接納自己，欣賞自己，自然就會流露出最美的特質。

沒錯，這就是我！獨一無二。

世上最容易的一件事就是成為你自己。沒比這更容易的事了，你根本不需要任何努力，因為你早已經是了。

只要想想一隻蜻蜓，牠發神經想成為蝴蝶，結果會怎麼樣？牠一定非常挫折，牠一定對自己非常不滿，蜻蜓無法變成蝴蝶，正如別人不可能成為你，你也不可能成為別人，因為做一個不是自己的人，永遠都不可能做好，即使做好了那也不是自己了，不是嗎？

第18件事

想想你有多幸福

你，幸福嗎？有人這樣問你時，你會怎麼回答？

讓我猜的話，我會說：「你說幸福，就是幸福；覺得自己不幸福，就不幸福。」

因為幸福並沒有標準答案。一樣的環境，有人過得快樂，也有人憂鬱；一樣有錢的人，有些知足，有些貪得無厭；一樣其貌不揚的人，有些自信，有些自卑；同樣吃一餐，有人一碗拉麵就覺得很幸福，也有人吃一頓大餐還嫌東嫌西。什麼才是幸福，你說了算。

人在幸福的時候，幾乎都不會覺得自己幸福

有一則改編的老故事：

從前有個小男孩，家裡很窮。他很羨慕其他小孩每逢新年都有新的皮鞋穿，而他卻是穿著同一雙又破又髒的爛鞋。除夕的時候，小男孩在放學回家的路上，正在想著回家向父母抱怨，希望擁有一雙新皮鞋。忽然，他看到路邊坐著一個小乞丐，他並不是穿著新的皮鞋，而是……他竟是連雙腳都沒有了！小男孩看在眼裡，再低頭望望自己腳上的那雙破鞋，然後很心滿意足地走回家去了。

其實，你已經很幸福了，只是大多數的時候，很像這小男孩都習慣盯著自己欠缺的。「為什麼父母不是富翁？」、「為什麼別人有，我沒有？」……光看到別人碗裡的佳餚，卻不看看自己

的碗裡有什麼?有人沒東西吃，有人甚至吃不下。

「現在只要能吃飽，就很幸福。」有位病人因為肝癌轉移，整個腹腔、胃部都被塞住，東西吃了就吐，他感慨說。

「我能夠一覺到天亮就很感恩。」另一位病人說，自從生病後，因為身上有傷口，沒有辦法側睡，常感到腰痠背痛睡不好。做化療後，更是變本加厲。因為嚴重暈眩，只要頭稍微移動，就開始天旋地轉，根本無法入眠。從開刀後這半年，沒有一天可以好好地睡一覺。當我有一天，從晚上睡著後，直到第二天早上才醒過來，我就感到真是無比的幸福。從此以後，我每一天都為了可以一覺睡到天亮而心懷感恩，覺得自己竟然可以這麼幸福。

大多數美好的事物，都是驀然回首時才驚然發現

讀到這裡，請再回頭問問自己，幸福是什麼？你覺得自己幸福嗎？

我想，當你不再去想幸福是什麼的時候，你就已經很幸福了。

我認識一位車禍的病人，經過幾次手術和復健後，他說：「原本我想要的只是能夠走路。卻辦不到。然後我想要只是能夠有知覺。還是沒辦法。最後，我放棄了。現在想要的只是能夠自己尿尿，而你知道嗎？現在連這個也無法實現。」

毫無疑問，和他們的狀況比較，我們大部分的煩惱是多麼微不足道，實在沒什麼好抱怨的。

所以，我很珍惜平凡踏實的生活。每一天，只要能睡個好覺，

吃得下飯。一家人平安在一起……或許孩子偶爾調皮搗蛋，有時犯些錯，但想到時會甜甜的，我想，這就是幸福吧！

你的幸福呢？

幸福並沒有標準答案，但不幸福的人卻有共同問題——那就是不滿現狀。當一個人要求愈多，就感到愈不滿。襯衫燙得不夠平整，臉上長顆痘子，鞋子破舊，手機該換了……這樣又怎麼可能覺得幸福？

著名的靈性諮商師約翰·包威爾在自己家的鏡子底下寫了這樣一行字，每當他照鏡子的時候都會讀給自己聽。

「你現在看到的是負責你今天幸福的人的臉。」

當你看向藍天，你就不可能注意地上的泥濘；當你懷著感恩，就不可能繼續抱怨；當你看見自己擁有的，就會發現自己已經很幸福了。

你的幸福，是由你自己決定。

第19件事

看見自己的價值

人，不知道自己的價值在哪裡，往往想從別人那裡找到，卻又常常尋找不到，因而失望，憤怒，受傷。

說來也真的很可悲，從小，我們就一次又一次地被教導，哪件事必須達成，哪個能力必須被證明，我們從不認為自己是有價值的，很多人只有在自己是一個贏家、成功或被別人肯定時，才覺得自己有價值，因而當失去了這些，也就失去自我的價值。

如同人本主義哲學家弗洛姆說的：「為了『我有』，會使人忘記『我是』。」當人不斷追逐擁有，常不自覺地忘記自己是什麼人。

你本來就有價值，和你擁有什麼無關

人們喜歡累積物品、購買名牌，為什麼？因為一旦擁有這些東西，會讓人感覺自我價值獲得提升。但是反過來看，想得到某件物品時，真實透露出自己欠缺某些價值，亦即沒有這件物品會覺得不如人。

人們自卑、自大、憤怒、受傷也是因自我價值低落。喜歡自誇自傲的人，往往怕人看不起；老愛批評誹謗的人，通常也很自卑。他們認為，自我價值只有在他人不如自己時，才能覺得高人一等。

在內心深處對自己沒自信的人，會對他人懷有敵意；而且會對他人微不足道的批評和評價過於敏感。你可以留意一下，剛有一番成就後，你會變得多麼善解人意、大而化之；而失敗受挫之後，你又是多麼容易惱怒、鑽牛角尖。一個人在挫折失意、自尊降低之後，即使一丁點小事也會大發雷霆。

人所以生氣是因為不知道生氣的本質，當你知道別人生氣是起於沒看到自己價值時，你不會跟著他起舞。有時候我們做不到，那是因為我們自己也欠缺價值所致。

你本來就有價值，不管別人給你打幾分

你也許曾經歷過，或正面對一場創傷，例如有人批評你、打擊你；也許你的好友在沒有任何理由的情況下，拒絕你、疏離你；也許你所愛的人背叛你，離開你，以致你感覺自慚形穢，毫無價值。

但你可曾想過，這就是你的「價值」嗎？你是否看見自己內

在的那份價值到底是什麼？

它就是你的本質，就像蘋果不會因為有人不愛吃，或改吃其他水果就變沒價值；也不會因為包裝盒不夠精緻，就變得不再香甜。當你看見自己的價值，不論你高矮胖瘦，不論你擁有多少名牌包，不論別人怎麼評價你，是否喜愛你，你的價值都不受影響。因為你本來就有價值。

自我價值是指一個人無論成功與否，是否擁有某些東西，是否獲得別人肯定，都能看重自己。就像一張千元鈔票，無需透過比較或肯定來提升價值，也不會因為被弄髒壓皺，被隨意丟棄就減損它的價值。了解了嗎？

你是有價值的，因為你本來就有價值。

第20件事

觀察、觀察、再觀察

不論任何一個領域的優秀專家，他同時也是觀察家。

假如你是科學家，那麼你必須是科學領域的觀察家；如果你是經濟學家，那麼你必須是經濟領域的觀察家；如果你是個作家，就必須有敏銳的觀察力，才能寫出扣人心弦的作品；如果你是個好演員，看了劇本就領會八、九分，馬上能上場，因為隨時隨地都在觀察；如果你是畫家，看到風景，就觀察到陽光照射的角度，風怎麼吹？風吹樹木時，樹葉如何動？

看到的同時也要觀察到

大家應該都讀過《世說新語》王戎的故事。小時候，他和一群同伴玩耍，發現路邊一棵李樹，結了很多果實。別的小孩都爭相爬樹摘李子，只有王戎不動。他對同伴說：「別摘了，那些李子都是苦的。」大家不信，爬上樹後摘了就吃，「哇！好苦！」每個人都叫苦連天，王戎則是在一旁嘻嘻笑。

為什麼王戎能先知先覺？他有未卜先知的能力，或者之前就偷偷爬上去嚐過了？「不，我是用判斷的。各位想想看，李樹長在路旁，沒人管理，果子如果好吃，早被拔光了，怎麼可能還剩這麼多？」王戎回答說。

觀察力，指的是能夠看見一般人視而不見、聽而未聞的事物或現象。

福爾摩斯有一次問學生，門前的台階有幾級，他們幾乎每天都走過台階，但沒有一個學生答得出來，福爾摩斯說：「雖然你們看見了，但都沒有觀察到，我知道台階有十七級。」他能看到的同時也觀察到，這就是觀察力。

想更優秀
就要有更深入的觀察

我寫作的習慣，其實也是觀察、感受和思考的習慣，把日常觀察到想到感到的東西累積起來，就成了作品。

我發現許多學生寫作能力不佳，並非閱讀或體驗不夠，而是缺乏觀察和敏銳的心靈。例如一座山，「雲來山更佳，雲去山如畫，山因雲晦陰，雲共山高下。」這是元代散曲家張養浩對山的觀察；「春山淡冶而如笑，夏山蒼翠而如滴，秋山明淨而如妝，冬山慘澹而如睡。」這是北宋畫家郭熙對山的觀察。前者仰賴細膩的觀察力，後者則是豐富的想像力，才能把一件平凡無奇的事物寫得生動有趣。

沈復的兒時記趣中，觀察「蚊子沖煙飛鳴」及「二蟲鬥草間」，以及想像「蚊子如鶴唳雲端」、「蝦蟆如龐然大物」都使文章倍增趣味。

在其他任何領域也一樣。如何成為更優秀的經理人？如何成為更優秀的運動員？如何成為更優秀的設計師？答案是：觀察、觀察、再觀察。

在職場上，如果沒有觀察力，不能看出老闆的臉色，不能看出客戶的心意，很多努力都白費；在管理上，沒有觀察部屬和作業流程，就無法看清實際狀況；在洞悉趨勢上，沒有觀察市場，就很難發現機會。趨勢大師大前研一說：每逢週末或假日，他都會在固定店家、購物中心或百貨公司出入口長椅坐上一小時，觀察來往行人——目的不是為了看美女，而是要觀察消費趨勢。

想更優秀就要有更深入的觀察。像前陣子孩子學游泳。我就說：與其坐在家中看關於游泳練習方法的書，不如到游泳池看別人游學得快，這樣才能仔細觀察到游泳的動作，不是嗎？

青黴素是蘇格蘭生物化學家弗萊明所發現的。他說：「我唯一的功勞就是沒有忽視觀察。」

俄國生物學家巴甫洛夫經過多年時間的觀察研究，發現了條件反射的定律，讓生物學的發展進入一個新時期。他在實驗室門口寫著：「觀察、觀察、再觀察」。

以「進化論」而聞名於世的達爾文曾說：「我沒有突出的理解力，也沒有過人的機智，只是在察覺那些稍縱即逝的事物，並對其進行細緻入微觀察的能力上，我可能勝過一般人。」

仔細觀察優秀的人都是擅於觀察。正所謂「萬物靜觀皆自得」、「處處留心皆學問」。

第21件事

不要還沒開始就認為自己做不到

兒子小時候，每每遇到寫心得、作文這類作業，簡直被他打敗，他因為沒耐心，常隨便寫幾句就交差。有次我索性幫他分段，並告訴大意，要他重寫一篇，沒想到他竟回一句：「我不會。」我聽到這三個字就很火，尤其連試都不試就放棄。

「就因為不會才需要多練啊！」我說：「如果只要拋出這三個字，就什麼都不用做，那是不是圖畫不好，乾脆就不要畫；舞跳得不好，就不要跳；菜煮得不好，以後就不要煮；話說得不好，從此就不要說話？」不會又不做，以後永遠都不會做。

我很欣賞愛爾蘭劇作家蕭伯納的作風，他說：「遇到事情你會問：『我為什麼要去做？』而我卻會問：『為什麼不做呢？』」在這競爭的年代，多學一種東西，自己的優勢也多一點，誰也不能擔保以後不會用到。

最可怕的不是失敗，而是放棄的心態

有一位年輕的畫家第一次替雜誌畫封面，畫的是一幅花鳥畫，看來細膩有意境。主編大為賞識，請他再畫兩幅封面。其中一期適逢過年，主編提出構想，問年輕的畫家，是不是能畫一幅小童燃放鞭炮的畫？

這讓他猶豫了，原因是他專攻花鳥，沒畫過人物。他跟主編說：「我沒畫過人物，就怕畫不好。」

主編馬上說：「你沒有嘗試，怎麼知道畫不好？」

年輕畫家決定試試。兩個晚上，他畫壞了兩張，到第三張，那小童不但畫得栩栩如生，而且天真活潑，和梅花清麗素雅，相得益彰，形成一幅絕佳搭配。主編看到畫之後，高興得展顏而笑，讚不絕口。

隔了一段時日，年輕畫家的花鳥有了突破和創新，他把各式各樣人物、景物帶到他的花鳥世界來，整個畫作彷彿注入新的生命，獲得各界極佳好評。

有句話說得好：「腳步跨得過去的叫作門，腳步跨不過去的叫作檻。」我也常以此勉勵學生：「要勇於嘗試，嘗試一些自己從未做過的事，即使試過之後，效果未如理想，但起碼知道下次可以做得更好。」

做了卻失敗，和一開始就放棄不做，是完全不一樣的兩件事情。不要沒試就先放棄，凡事只要全力以赴就對了。

當你能跳的時候就不要蹲在那裡

孔子有個學生冉求，很有才華，有次向孔子說：「老師，我並不是不喜歡您說的道理，是我自己能力不足啊！」

但是，在孔子的心中，並不認為冉求是因為能力不夠。因此，他告訴冉求：「你看看那些能力不夠的人，往往跑到一半就半途而廢。而你現在卻是畫地自限，這樣子怎麼可能會進步呢？」

冉求聽了孔子的話，慚愧地低下頭。孔子接著說道：「在還沒有完全發揮自己的能力以前，是不該輕易放棄繼續前進的，不要這麼快就對自己絕望，只要盡力去做好每一件事，你就會發現，自己其實是很有潛力的！」

沒錯，當你說：「我不會！」你就永遠不會；當你說：「我做不到！」你將永遠不能做到；當你說：「我再試試看！」則充滿無限可能。

兒子最近迷上了籃球，一有空就組隊去打，他雖然體力不錯，但身材瘦小總顯得力有未逮，「你怎麼那麼堅持？」我感到好奇。

「在球場上如果放棄了，你就只能在旁邊看別人，就不好玩了。」是啊，當你能跳的時候就不要蹲在那裡，當你有夢的時候就不要放棄追夢。這就對了！

嘗試著去做點改變，改變自己、改變你的想法、改變你的視野。嘗試著去做，過去從未做過的事；嘗試著去克服，以前害怕的事；嘗試著去接觸，不一樣的領域。你可以拿起吉他，寫幾首自己的歌；你也可以召集自己朋友、網友，計畫發起一個活動、美化一座公園，或拯救一群流浪狗。

如果你能突破自己，感覺是不是很棒？由你開始某件事，然後蔚為風潮，想想那有多酷？

第22件事

享受過程

我們常聽到有人瀟灑地說：「重要的是享受過程」。但也有很多人斬釘截鐵地說：「結果才能代表一切」。到底過程重要，還是結果重要？

我認為兩者同樣重要。例如你想贏得鋼琴比賽，首先必須讓自己進入決賽（結果），否則連機會都沒有。但是你必須喜歡彈鋼琴，因為彈鋼琴是你每天要做的事（過程），否則必定苦多於樂、負擔多於享受。

就像去登山，如果你認為必須「到達」山頂才快樂，整個「路程」又怎麼可能快樂呢？

對過程積極，對結果瀟灑

「登山最大的樂趣是什麼？我想應該是到達山頂那一刻，對嗎？」我曾問過一位喜愛登山的朋友，

「當然不是，」他說：「登上山頂的快樂其實非常短暫。你歡呼吶喊一會，欣賞一下景色，但很快地你會感覺寒冷，並開始想到下山的路有多難。」

「那為什麼有那麼多人喜歡登山？」我不解。

「是攀登到山頂的歷程，」他說：「不是身處山頂。如果你不能享受攀登的過程，不熱愛攀登，只是為了登頂，那坐直昇機不就得了，何必那麼累呢？」

作家普西格寫過一本書，描述了他與一群老禪僧結伴攀登喜馬拉雅山的經歷。普西格是登山隊裡最年輕的成員，卻也是爬得

最吃力的一位。因為他在登山過程一心只想完成攻頂目標，卻被綿延不盡的山路打倒，不僅無法享受樂趣，也喪失繼續前進的鬥志。老禪師們雖然也想完成登頂壯舉，但他們不是把登頂當成唯一的目標，而能夠享受每個步伐的節奏，欣賞景色，結果不知不覺到達山頂。

老望著山頂，就看不到腳邊的花草

所以，不管你做什麼事，一定要快樂，一定要享受過程。

如果你想達成某個目標，別把目標看得太重，否則目標會變成痛苦壓力的來源；你想完成某個工作，不要把快樂放在完成那天，否則整個過程一定很難快樂；如果你想贏得比賽也一樣，輸贏固然重要，但最後的頒獎，也只是其中的一小部分而已，重要的是過程，那才是真正的樂趣所在。

像現在頗流行的鐵人三項、路跑馬拉松、或是長時間的高強度訓練等，這些活動的引人之處，就是無論是之前的訓練，或是在跑的過程當中，都會經歷種種的挑戰和困難，為了突破會激發個人潛能，和之後完成的滿足感，才是最讓人開心，令人回味！

「追兔子的狗，比躺在門廊上昏昏欲睡的狗更快樂。」套句心靈導師威爾・鮑溫的妙喻。並不是捉到兔子讓我們快樂，而是「追逐的過程」讓人感到好玩有趣；並不是到達山頂讓我們快樂，是「沿途的風景」讓人感到美好。千萬不要為了趕路，忽略了欣賞美景。

德國大哲叔本華曾感慨地說，有一種人一心只為未來奮鬥，一切只寄望未來，總是焦躁等待所有事物快點到來。他們以為，一旦得到這些事物，就能令他們快樂，卻不知道自己這副蠢模樣，簡直和我們在義大利看到的笨驢沒兩樣。

義大利人把棍子放在驢子面前，棍子尾端懸著一束乾草，驢子就使勁加快步伐；殊不知乾草永遠只是懸在面前，看得見，卻吃不到。

人生的百分之九十八都是過程，如果你把達成目標視為唯一的快樂，那你的人生十之八九是不快樂的。

第23件事

別太在意自己

也許你對兩星期前大庭廣眾下失態至今仍難以釋懷；也許你不小心摔了一跤、拉鍊沒拉、路上認錯了人；也許是髮型設計師把你的頭髮毀了，讓你羞於見人。搞不好這些事都發生過，但那又怎麼樣？

其實這都是生活中的一個小插曲而已，有誰沒有出糗過？大家在哈哈一笑之後，就早已經拋諸腦後了，你還耿耿於懷，那是因為對自己太在意了。

別人在意的也是自己

很在意自己的人，常在意別人的眼光，不管做什麼事總想：「不知別人會怎麼說？」、「不知別人會怎麼想？」甚至舉手投足都擔心：「不知別人會怎麼看？」

記得女兒有次遲到不想進學校，她說：「好糗！我怕大家會盯著我看。」

「妳以為自己是英國王妃啊？」我笑說：「放心吧！妳同學都會各忙各的事，沒有人會盯著妳看的。」吃晚餐時，我問起早上遲到的事，她想了想才驚訝地說：「真的耶，班上好像沒有人注意到我。」

別人並沒有注意你，他們在意的也是自己，認清了這一點，也許你就能放下心中的包袱，讓自己輕鬆些。

你可以試看看，當你的同學遲到，或是做出很糗的舉動，你會怎麼想？或者根本不在意？你也可以試著觀察周遭的人，在什麼樣的情況下，你會用異樣的眼光去看他？然後你會一直放在心上嗎？如果你的答案是：不會。那就是你「想太多」了。

大多數人並不如我們想像那麼關注我們，一週前見過面的那位朋友的穿著你還想得起來嗎？他的髮型、手上提的包包、鞋子你記得多少？如果你都不清楚了，他又能記得清楚你多少？

別妄想所有的人都喜歡你

再來，我希望大家還要認清的一點是：別妄想所有的人都喜歡你，那是不可能的。你也不是喜歡這世上的所有人，怎麼可能所有人都喜歡你？

不知道大家有沒有過這樣經驗，就是不知道什麼原因，就是有的人會對你不友善，即便你沒做任何事情，就是對你不滿，當時的心情應該多少都覺得委屈和憤怒吧！本來每個人都有不同的認知、想法、心態，想讓所有的人都滿意談何容易？即使你做得再完美無缺，就算沒招惹任何人，仍然會有人看不慣你，仍然會有很多不利於你的傳言。對某些心胸比較狹隘的人來說，你不需要招惹他，你在某方面比他優秀，這就已經招惹他了。

我也是經過不少時間，才領悟到這點。太在意別人眼光，或很容易受別人影響，就會過得很辛苦。全世界有那麼多人，要在意永遠也在意不完。

美國幽默專家敏資博士說：「我在辦公室牆上有面鏡子，上課前我會對著它梳頭髮，在鏡下面有一小行字寫著，『別太在意這個人』。」這或許是個好方法。

在意別人只會讓人失去真我，而討好別人，最終又不能贏得人們衷心的喜愛；何不自在地做自己，這樣人家喜歡你，那才是真的喜歡你，不是嗎？

人們只顧著惦記自己，他們想知道你的觀感；而你也想知道他們對你的觀感，就這樣彼此都過得不快活。

有一位哲人說得好：「三十歲時的人，會顧慮旁人對自己的看法；四十歲時的人，已經不理會別人對自己的想法；六十歲時的人，發現別人根本就沒有想到過自己。」

這道理真希望你早點明白。只要覺得快樂而沒妨礙到別人就好，畢竟人生苦短，人生就這麼一次，如果老是在乎別人對你的看法，那這個人生究竟是為自己活，還是為別人活呢？

第 24 件事

不怕錯、要改過

人生就是一連串的失敗、過錯、疏失所譜成的。很少有人學東西一次就熟練、開車學一次就上路、戀愛談一次就成功、論文寫一次就通過、拜訪一個客戶就成交、第一次射箭就正中靶心。過去的失敗是讓我們知道錯在哪裡，並修正這些錯誤。

犯錯，無疑是很寶貴的學習經驗，也是成功的必要投資。所以，犯錯並沒有錯。

你欺騙了別人，無異於欺騙了自己

錯誤的人所以錯誤，是因為他們太善於找藉口原諒自己，總愛找一大堆理由來掩飾。

話說有兩個中年男人搖搖晃晃地走出酒吧，撞上了一根電線桿，他們打開拉鍊，便開始小便。

一位警察看到他們站在那裡，於是走過來說：「喂！你們兩個！竟然在那裡尿尿，還不趕快停止你們的行為。」

這兩個男人遵從地拉起他們的拉鍊，但是當警察離開之後，其中一個男人開始得意地笑。

另一個問：「什麼事那麼好笑？」

那個男人說：「我騙了那個警察，我拉鍊雖然拉了起來，但我並沒有停止尿尿。」

錯誤也只能用錯誤掩飾，這就是為什麼說死不認錯，比犯錯更可怕。你欺騙了別人，無異於欺騙了自己，最後要付出代價的還是你自己。

認錯，是加分不是扣分

勇士有時懼怕、智者有時愚拙、老師有時出糗、專家有時出錯、作家有時被退稿、辯士有時說錯話、領導人有時也會糊塗，這都是平常的事！

當年美國總統羅斯福在競選時，曾經對一個小鎮發表演說，當他提到女性應該擁有選舉權時，突然有人大笑：「這句話和你五年前所說的不是相反嗎？」

羅斯福聽了，毫不掩飾地回答：「是啊，五年前我的確有另一種想法，但是現在我已經發現那是個錯誤的主張。」

他丟臉嗎？不，認錯並不會貶損一個人的價值，反而會提升別人對他的評價。

在網路上流傳一則故事：

一個自認為英語流利的人，剛從大學英文系畢業，於是他寄了許多英文履歷表到一些貿易公司應徵。但他所接到的答覆都是不需要這種人才。有一間公司甚至還寫了一封信給他：「我們公司並不缺人，就算我們有需要也不會僱用你。雖然你自認為懂得英語，但是從你的來信中，我們發現你的文章寫得很差，而且文法上也有許多錯誤。」

這人收信後，非常生氣，打算狠狠回寫一封足夠氣死對方的信。但是當他靜下來之後，轉念想了一想：「對方可能說得對，或許自己在文法及用詞上犯了錯，卻一直不知道。」於是他寫了一張卡片給這個公司：「謝謝你們糾正我的錯誤，我會再加倍努力的。」

幾天後，他再次收到這公司的信函，通知他被錄用了。

所以說「一個人不怕錯，就怕不改過。」與大家共勉！

看見別人的錯，不必苛責，從他們的錯中，學習到教訓與成長，才是你應該關注的。有一天你會感謝他們，是因為他們的錯，讓你知道什麼是對的。

發現自己犯錯，不必自責，沒犯過錯的人通常也是一事無成。錯誤與失敗，是通往成功最穩靠的墊腳石，利用它們，便能從中培養出成功，此時此刻的窩囊等到再一次成功的時刻看來都是美麗的。只要你願意認錯，勇於改過。

第25件事

有「禮」走遍天下

「看到人要問好，說話眼睛要看著對方的眼睛，別人送你任何東西，都要說謝謝，記住，嘴巴有東西時不要說話，別把食物在盤子裡撥來撥去……」

小時候，我媽常不停地叨念應對禮節，以免孩子出去被人暗地嘲笑：這家孩子沒教養。也多虧她，家裡四個孩子「禮貌周到」可是在街坊鄰居有口碑的。

教禮貌，其實就是在教孩子「尊重」的概念。孩子有了禮貌後，他會懂得尊敬長輩，也懂得尊重別人和自我尊重，顯露於外即是一種教養。就像由畫作可以看見畫家的內在，由行為談吐可以看出人品一樣，基本上教養好人品也壞不到哪裡。

禮貌，決定個人魅力與人際競爭力

「在選用員工時，我只看他們的禮貌和一些小動作。」一位經營餐廳多年的朋友，閱人無數，他是這麼說的：「人性格上的缺陷，是可以偽裝的，但是，禮儀和教養，一眼就可以看出，瞞也瞞不了。」

記得有一次我和院長、人事主管，一起面試一位工務部的主管。他和我們握手之後，沒有等人招呼，也沒有等院長先坐，他就一屁股大剌剌地先坐下。

儘管他的資格很不錯，專業資歷幾乎無懈可擊，但那回面談時間很短，後來也沒有錄用他。

可見「禮貌差」透露給人的負面訊息，殺傷力遠超過「專業不夠」。

也許有人會不以為然，「沒禮貌」也未必真是人格本質不好，有時是不小心，有時是輕忽，認為「沒有也無所謂」，有時則根本是因為「不知道」。

但誰又知道呢？站在「老闆」的立場來看，「禮貌就是你給人的印象，也是你給顧客的感覺。」、「我可以教你技能，沒辦法教你教養。」隨便舉個例：如果你路過兩家店，一家的員工當你是空氣，一家對你微笑問好，你會對哪個比較有好感？會光顧哪一家？

更何況懂得應對禮儀，這不是每個人都應有的教養嗎？這不但是常識，也是基本做人的道理，如果連這種基本的都做不好，還能做出什麼事？

有禮貌，自然有氣質

隨時面帶微笑，無論別人給予你的幫助是多麼微不足道，都應該誠懇地說聲「謝謝」，一句話會使對方備感溫暖。不小心撞到人或踩了別人的腳，誠懇說聲「對不起」即可化解對方的不快。任何需要麻煩他人的時候，別忘了加個「請」字。如「請問」、「請指教」、「請留步」、「請關照」、「請原諒」等等。像亞都麗緻集團總裁嚴長壽，他寫紙條交辦部屬工作，從來都用「請您」開頭。把自己的位置降低，將對方的位置抬高。受用無窮的不是別人，最終還是你自己！

常有人問：「為什麼有些人就是人緣好、運勢佳？」

我想「有禮」、「好禮」是最基本的。相信在你的生活中一定曾經遇過某些人，他不特別美，也不特別帥，但就是會讓你有好印象，有種舒服的感覺。那個人一定是很有禮貌、有人緣的，對嗎？

還有位讀者寫信來，問了個「有趣」的問題：長輩老師常要我們當個有氣質的女生……那請問，有氣質的女生就不能生氣嗎？有氣質的女生就要瘦嗎？有氣質的女生音樂是聽古典樂或歌劇？有氣質的女生是不是要留長頭髮？

其實，氣質有很多種：優雅、高貴、清秀、可愛，或是庸俗、豔麗、輕浮，一般所謂的「有氣質」，指的多是具備一種優雅不造，氣質是由內而外地自然流露，不是刻意「包裝」出來的。

當你懂得尊重別人，自然流露出的態度就是禮貌，而真誠的禮貌即是一種氣質。沒錯！「有禮貌，自然有氣質。」這也是我給她的回答。想培養氣質，就從有禮貌開始。

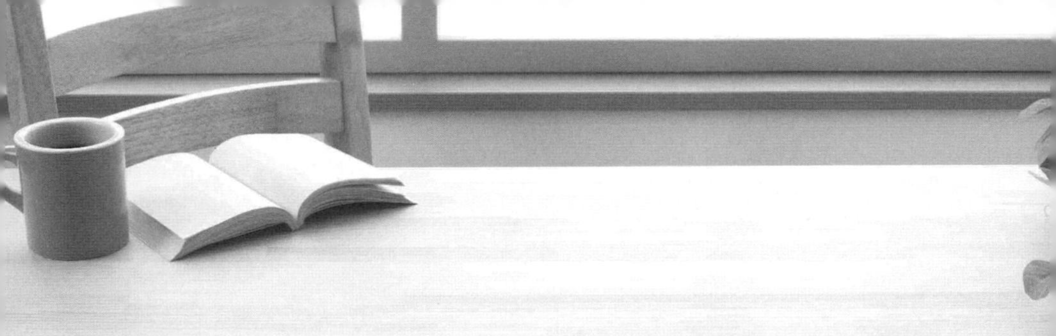

站有站相，坐有坐相。坐椅子腳不要翹起來，也不要抖腳。

吃飯要端碗，不要在盤子裡挑揀，不要拿筷子敲碗。

吃飯的時候盡量不要發出聲音，嘴巴有東西時不要說話。

長輩沒坐下，不能先坐下。

遞刀具給別人要記得遞刀柄那一端。

洗了手不要隨意甩手，給人遞水遞飯一定是雙手。

進門要記得敲門，最後一個要隨手關門。

聽別人說話的時候，眼神不要游移。

如果問別人話，別人不回答你，不要死着臉皮不停地問。

別人對你說話，你起碼要能接話，不能人家說了上句，你沒了下句。

盛飯或端茶給別人時，如果中間隔了人，要從後面繞過。

到朋友家吃完飯，要主動幫忙洗碗清理桌子。

多說「請」、「謝謝」、「抱歉」、「不好意思」，這類有禮貌的話。

別小看這些看似「無關痛癢」的禮儀，卻可以改變旁人對你的印象，還能決定個人魅力與人際競爭力。

第26件事

說到做到，做不到就別說

雖然我們從小被教育要誠實、要坦白、說話要算數，但是在成長過程中，我們會逐漸發現，在現實生活當中，總不免會做虛假的事，說「違心之論」以及「善意的謊言」。久了，我們已不再視說謊為不當的行為。加上我們看到那些有錢有地位的人，常說一套做一套，所以很容易懷疑誠信的價值，甚至覺得誠實是愚蠢的代名詞。

人為什麼要「誠實」？

先不談道德層面，我們就以做人處事來說。因為不誠實，就必須撒謊，就必須「無中生有」。換句話說，說一個謊，就必須再說幾個謊來圓它；為了圓這一個謊，又再說更多謊來圓……於是說起話來變得言詞閃爍，拐彎抹角，很不實在，隨時都可能被揭穿，那是很累人的。

如果現在沒有誠信，日後也不會守信

說一個小故事：期中考的時候，有四個學生遲到，他們跟老師說，週末開汽車出去玩，趕回來考試的路上，車子的一個輪胎爆了，他們要停下來修補輪胎，所以就遲到了，請求老師讓他們補考。

老師說可以，老師讓他們分開坐在課堂的四角，卷子發下來，他們打開一看，上面只有一個題目：「哪一個輪胎爆了？」

不要當每個人都是笨蛋。林肯說過：「你可以永遠欺騙部分的人，你可以欺騙所有的人一段時間，但是你不可能永遠欺騙所有的人。」尤其一旦謊言被揭穿，那會怎麼樣？此後你說的話就會被打折扣，因為你破壞了別人對你的信任，即使當有一天你說出誠實的真話，別人仍會懷疑。

為什麼有人講了上百遍了，別人還是不相信？因為他總是信口開河，言而無信。人們會根據你的誠信來看待你。

我從社會學到的寶貴教訓之一是，如果言出必行、謹守承諾，也必定是值得信任的人。如果你值得信賴，當你說：「我計畫投入一個很有潛能的事業——你要跟我合夥嗎？你要投資我嗎？」我想，很多人都會心動。

反過來，當我們言而無信，我們的話就會失去力量，也會失去別人的信任。我們都有被人欺騙的經驗。有位朋友本來約定好的事，後來又反悔；還有位朋友每次請客都有目的，而且借給他的錢，都有去無回。如果這樣的人找你合夥投資，你會答應嗎？

如果你把「話」當黃金，它就會帶給你黃金

說到就一定要做到，做不到的就不要說。

想成為一個值得信任的人之前，自己必須先做到讓人信任。讓你的「話」成為最重要的資產。如果你和別人有約，一定要遵守約定，不要遲到；許下的諾言，承諾過的事，即使後來變化，也要努力將承諾實現；還要記得不要撒謊，你說的話就代表你這個人，話說得再冠冕堂皇也沒有用，人家會看你做了什麼，而不是聽你說了什麼。有這樣一個故事：

一位賢明的國王為沒有孩子而擔憂。有一天，他發給全城每一個孩子一些花的種子，同時宣佈「哪個孩子能把它們培育出美麗的花朵，我就收他做義子和王位的繼承人」。到了約定的日子，滿城都是穿著漂亮衣服的孩子和盛開的花朵，只有一個叫李奧的

孩子端著空花盆在一旁哭泣。國王上前詢問。李奧哽咽著告訴國王，自己已經盡了最大的努力，但這些種子就是沒有發芽。哪知國王聽了之後高興地拉著他的手說：「你就是我要選擇的人！」人們在驚訝之餘才明白，國王發給大家的是煮熟的種子，他要考察孩子的誠實之心。

說謊是容易的，實話實說則需要更多的勇氣。其結果或許會被責備、會受罰，但卻讓人如釋重負，讓人尊敬和信賴。反之，當你把誠信「視如敝屣」，別人就會把你的話當放屁。

要建立誠信，有三件事必須牢記：

第一、承諾的事就一定做到。

承諾是一種信用。家庭裡，兒女對父母要說話算數，父母對兒女也要守信用。在學校社會，同學、朋友之間彼此都要重視承諾。有句話說得好：「你可以騙的，都是相信你的人。」如果連相信你的人都欺騙，誰能相信你？

第二、絕不要輕易給人承諾。

輕諾必寡信。拒絕，只會帶來小小的失望；而承諾呢，不但給自己帶來許多無謂的困擾，最後若不了了之，還會失信於人。

第三、話說半分滿，事做一分滿。

說得太滿，壓力總是隨之而來；話說半分滿，事做一分滿，反而讓人驚豔，也是維持信用與建立聲譽的不二法門。

第27件事

有勇氣說「不」

你是否常因無法拒絕別人，而接下一堆「額外的」工作？是否怕被說不合群，即使不喜歡，還是硬著頭皮參加無聊的聚會？是否嘴巴說好，心裡卻百般的不願？

幾乎每個人都有過這樣的經驗，明明想說「不」，卻活生生地把這個字吞下來。事後愈想愈後悔，「我怎麼這麼沒用，不敢說出真心話」、「早知道不要答應他，把自己搞得那麼累」你感到挫折與懊惱。

隨便承諾別人反而是不負責的表現

「不」這個字很難啟口，很多人就因為拋不開情面又顧及顏面，勉強答應別人不想做，或沒有能力去做的事。結果不僅讓自己陷入委屈，最後折磨了自己又得罪人，常落個「好心沒好報」的結局。

為什麼大家心裡明明滿心不願，卻無法說出一個「不」字？這是因為多數人自信不夠，總想討好人，他們怕不順著對方的意思，怕自己不被人喜歡。由於處處迎合，就像俗話說的「好馬被人騎」，別人反而「軟土深掘，得寸進尺」，這種不被尊重的感受，又再次降低自尊。

所以，印度聖雄甘地才會有感而發說：「真誠說『不』，比為了討好或怕事而說的『好』更有力。」

有人或許顧慮：「我怕拒絕會失去朋友，或是關係變不好。」這得看你想要的是什麼樣的朋友和關係。我說過了，「如果你忠於自己，真正的朋友會一直都在。同樣的，如果你放棄自己，那虛假的朋友也會一直都在。」

以長遠的眼光來看，說「不」不但不會破壞關係，反而能建立「更好的」關係。這是我的經驗。

不再陷入「當時為什麼不拒絕」的悔恨中

有勇氣說「不」，並不是說每件事都把「不」掛在嘴邊。我的意思是：在需要伸出援手的時候必須義不容辭，但是該拒絕的時候，也要勇敢又有智慧地說「不」。

那在什麼情況之下說「不」？

就是達不到的或超過自己能力的時候。再來，當有人要求做某件事時，你要先問自己的意願，如果是自己願意的，那就「歡喜做，甘願受」。如果沒有意願，就不必勉強自己，因為一旦勉強自己，你就不可能快樂。即使勉強地完成了，心裡也是鬱結的。

「去做對的事，不要當對的人。」別人認為你如何，那是別人的看法，那並不重要，你應該去做對的事。

那什麼是對的事呢？很簡單，任何符合你本性的就是對的，與你本性不合就是錯的，這很容易分辨，只要符合自己意願就是對的，只要忠於自己就是對的。

沒錯，只要拒絕得對，誰也沒有理由指責你。畢竟他能夠輕鬆地提出，你又何嘗不能自如地說「不」呢？

拒絕別人的請託或要求並不容易，但卻是每個人必學的生活藝術。以下三點原則請記住：

一、正視自己的需求。想當個有求必應的人並非壞事，但需要量力而為，別讓自己陷入「當時為什麼不拒絕」的悔恨中。

二、坦白說出原因。語氣委婉，語意堅定。才不會模稜兩可，也不致傷和氣。

三、尊重別人的權利。實話實說，不行就不行，不想就不想。說不，也接受別人對你說不，如果大家都懂得彼此互相尊重，事情不就簡單多了嗎？

第28件事

不裝懂、不怕問

一般人害怕提問，因為提出問題就顯得自己是無知的。舉一個我個人的親身經驗。我在國中時數學不好，到高中時老師講快了點，我就一知半解。但我看班上的其他同學，每個人都在點頭，好像他們完全了解的樣子，我於是也就跟著點頭，心裡暗想：也許過幾天就會懂了。但幾週後卻沒有任何改善。雖然我表面上裝得像其他同學一樣了解，其實是　竅不通。第一次考試就讓我原形畢露，再也沒法裝下去。

我早該在課堂上發問，但我因為怕問到笨問題，怕成為班上笑柄、很丟臉，所以不好意思說，那真是一個很大的錯誤。

承認自己無知是求知的第一步

學生是什麼?就是為「學」而「生」嘛,如果什麼都會又何必當學生呢?所謂學問、學問,要「學」就要「問」,提問題是把事情弄得一清二楚的不二法門。

所以,不懂的事情千萬不要裝懂。不要怕問一些笨問題。問一個傻問題的人,可能當幾分鐘傻子,一個從不發問的人,卻永遠是個傻子。像牛頓問:「為什麼蘋果會掉下來?」結果他發現萬有引力,成了偉大的科學家。

事實上,知識通常來自無知。大多數教授們都發現,最常發問的學生,通常在班上成績最好;一些經理主管們也觀察到,屬下中誰提問最多,誰的成長和升遷就愈快。有「現代管理學之父」之稱的美國管理大師彼得・杜拉克甚至說:「身為管理顧問,我最大的長處就是以無知的態度問一些問題。」

在工作上，我最怕遇到輕易地就將「我懂」掛在嘴邊的人，因為我會相信他們「真的懂」，但很不幸的是每當我這麼認為時，往往都會得到慘不忍睹的下場。怪不得有人說：「你不懂，別人不會當你是笨蛋，但你不懂裝懂，別人會當你是混蛋。」

不恥下問，虛心受教

想自我改進最快的方法，那就是：「不恥下問」。問問別人：「你覺得我什麼地方需要注意？」因為，你永遠看不見自己思考的盲點。什麼都不問，什麼都不知道也學不到。

遇到問題，要多向前輩請教。你面對的問題，其他人也一定面對過，千萬不要自己蒙著頭做事，因為多數的問題都是類似的。當你聽完後，要立即執行，看看有什麼不同的結果，然後再去問：「到底還有什麼地方，我還需要改進？」這樣的話，你的成長速度一定比別人快得多。

我的了解是，一般人不但不會討厭你發問，反而會樂於接受你的問題，因為你提出問題，表示你真的對他所談的話題感興趣和有所了解。

其次，要記住的是「虛心受教」。大家都認為孔子學識淵博，於是有人問他如何種田？孔子說，種田我不如老農。有人問孔子如何種花？孔子說，種花我不如老圃。

不管你的職位是什麼，不管你年紀多大，你總會有不明白的地方。因此，請益要虛心。假如你請教他人時是以一種「自以為是」的態度，那最好不要問。無論你所請教的人如何卑微，你的發問態度必須誠懇，「誠心對人說話，耐心聽人講話」，如此我想每個人都會樂於相助，你還可能多認識一位朋友，何樂不為？

正確處理需求的方法是表明「我需要幫助」。

「我不懂——你可以教我嗎？」

「我有困難——你可以幫忙嗎？」

「我不知所措——你可以指點我嗎？」

「我想不出辦法——你有什麼辦法嗎？」

「我準備放棄了——你有沒有什麼建議？」

不懂就要問，不會就查，不知道就說不知道。愚蠢的問題，總比愚蠢的錯誤好。

第29件事

不隨便發脾氣

你上一次發脾氣是什麼時候？你經常生氣嗎？我想應該沒有人會因為喜歡生氣而發怒，只是，為什麼明知不該生氣，卻還是忍不住發脾氣？

是不是你對某人或某事不滿意？這幾乎是所有負面情緒的根源，你的負面情緒有九成以上是來自於你抱怨事情不應該這樣，你認為別人應該那樣。所以憤怒的人，都會覺得自己生氣有理，且大多會站在自己的立場去看事情。換言之，我們並不是因為某事、某人不對而生氣，而是因某人、某事不合己意而生氣。

問題是，你憑什麼認為，樣樣事都要順你的意？

當你以憤怒作出發，多以懊悔收場

這世界本來就是這樣，不可能照你的想法運轉。多半時候，無論人與事都不會像你希望的樣了。生氣，就好像小孩要不到喜歡的東西，就用哭鬧的方式，這其實是很「不成熟」的表現。

「表達你的感受」與「宣洩情緒」是不同的。所以，聖經說：「人有見識，就不會輕易發怒。」生氣畢竟是對於挫折的反應，而不是解決問題的辦法。愛生氣通常也是無能的人，因為他不知道還有什麼辦法可以解決問題。

當你心中也氣，你可以表達，但必須控制你的脾氣，你的力量才能顯現。即使你有天大的理由，控訴別人對你多不公平，你受了多大的冤屈，一旦你失去控制，人們會認為你很情緒化，你沒有自制力。如此，輕則對你敬而遠之，重則犯下後悔的錯誤。

《希伯來法典》銘刻著：「人憤怒的時候，就會犯錯。」聖經新約腓利門書（Philemon）上寫得更白：「當人憤怒時，都是發瘋的。」發脾氣只會令問題更加惡化。

想要不生氣，就得先搞清楚，「我為什麼生氣？」就像所有其他的情緒一樣，生氣也是思想的結果。每當你生氣時，不妨深深吸口氣，並問自己：

這真嚴重得要發這樣大的脾氣嗎？

發怒有用嗎？

如果你的答案都是「否」，就請冷靜下來。「那我為什麼生氣？」如果你進一步想就會發現，氣都是自己想出來的。「要怎麼改善？」當你了解引發憤怒的思緒，你同時也找到澆息怒火的關鍵所在——就是你自己。

牛脾氣是你自己「生出來」的

說一則故事：

有一個習禪的學生去到師父那裡說：「我有一個無法駕馭的牛脾氣，要如何才能夠改掉它？」

禪師說：「好，現在你就把脾氣發出來給我看，我來幫你改掉。」

那學生說：「不行啊！現在我發不起來。」

「是啊！」禪師微笑說：「你現在發不起來，可見你暴躁的個性不是天生的。既不是天生的，哪有改不掉的道理呢？」

沒錯，牛脾氣是你自己「生出來」的。我建議，每當你生氣的時候，可以透過參與某些消耗體能的運動，來消耗你過多的精力與怒氣。到操場跑幾圈、打一場籃球，踢一回足球，都是丟棄攻擊性情緒的好方法。

你當然可以做些更有建設性的事，比方把整棟房子打掃一番，或是開墾一塊種菜、花草的地方。無論你選擇哪一個方法。都要記住，雖然把氣發出來比悶在肚裡舒服，但沒有什麼好生氣才是上上策。不要把生氣視為理所當然，內心才有動機去消除。

以下是控制怒氣有效的方法：

- 剛開始生氣的時候，注意一下：「我現在在想什麼？」因為你過去一向這樣想，想要轉換情緒，就要先轉變想法。
- 提醒自己，每個人都有權做自己。不要期待別人應該如何如何，因為稍不如意，就容易生氣。
- 試著延緩發怒。生氣時，試試看延緩十秒，才以你一貫方式爆發。下一次，試試延長三十秒，不斷加長時間。一旦你開始看出你能延緩發怒，你就學會了控制。
- 愛你自己。你就不會用別人的錯誤，或對自己有害的怒氣來傷害自己。

第30件事

懂得將心比心

小比利在學校得了最佳朗讀獎，他心中充滿了傲意，回到家跟女傭炫耀：「看看妳能不能唸這個我會唸的字，蘿拉。」

蘿拉不認識字，不知道怎麼唸。

小比利這下得意得像隻孔雀了，他衝進客廳，得意忘形地跟爸爸喊道：「爸爸，蘿拉不會讀書，但我只有十歲，就拿朗讀獎。看到一本書不會讀，我不知道蘿拉她有什麼感覺！」

爸爸走到書架旁，拿了一本書，遞給他說：「比利，你看看這本書，你就能體會她的感覺了。」

小比利接過來一看，他一個字也不認識，原來是西班牙文的，不覺臉紅起來。

這故事說的是同理心。你勝過別人，你贏了，很高興，得意忘形。那你想過沒有，對方呢，他的心裡好受嗎？

設身處地關懷，以同理心待人

「同理心」是指設身處地站在對方的立場上體會他的感覺。例如孩子看到弟妹跌倒時，他會覺得一定很痛；聽到旁邊小朋友哭泣的聲音，他也會感到難過。好像這些事情就發生在自己的身上一樣。

一個人是否有同理心，常表現在日常生活的細微之處，例如：馬路上有一塊石頭，肯替人著想，就會隨手將它拿到一邊，免得行人被絆倒；看到老人上車或行動不便的人，主動讓座給他們；坐電梯時，不擋在門口，等等後面要搭乘的人；住大樓不跑跳，免得吵到樓下住戶。

反過來，像救護車救人擋道；半夜唱卡拉ＯＫ，任意高聲喧譁，吵得讓人無法入睡；看不起弱勢，自私自利等等，就是沒有同理心。難以對他人的心情感同身受時，就等於失去了一顆溫暖、關懷的心，更不用談什麼道德正義感了。

美國著名的舞蹈家鄧肯的話，說得中肯：「一個被人稱為自私自利的人，並非只因為他尋找自己的利益，而在於他經常忽視別人的利益。」人性本是自私的，但教育的目的就是在告訴我們不能把它視為理所當然，因為人沒有同理心，不單對別人的痛苦漠不關心，置若罔聞，對人亦沒有尊重，家人和朋友可成陌路人，社會更不可能和諧。

人比人，氣死人；將心比心，一家親

我們常常在不經意間傷害了別人。幾天前，我數落了一位同事，我知道自己也不喜歡別人這樣對我說話。昨天我覺察到自己對妻子很沒耐心，而我要很抱歉地說，我還小題大作。我知道，如果她這樣對我，我一定也覺得不舒服。所以想當然，她的感覺也一定如此。

要將心比心，當你考慮到你的行為時，最好問你自己：「假如別人這樣對我，我喜歡嗎？」

你可以此類推，經常反問自己：

「假如我是和我一起生活，我喜歡嗎？」

「我喜不喜歡嫁給我？」

「假如我是我的兒女，我喜不喜歡我這個當爸爸的？」

「假如我是我的父母，我喜歡這樣的孩子嗎？」

所謂「己所不欲，勿施於人。」想想看，自己是不是太苛求，太自私、傲慢、懶散、不負責、不尊敬別人、命令別人、總是抱怨或對人要求太多呢？

你想得到肯定讚美，你想要快樂，想被人關愛，也請試著打開心房，想著對方，這樣你就會體會到每一個人都有同樣的願望，沒有例外。他們也有同樣的需求，他們也想被人關愛，也想快樂，也想得到肯定讚美。

如果換成是你，你希望別人怎麼對你？

人為什麼很難感同身受，因為事不關己。

走在便利超商，看見玻璃牆上貼著一張小海報，上面刊登幾張失蹤稚齡孩童的照片，旁邊寫著「如果換一張照片，心急如焚的可能就是你。」

在媒體上，看到一些事故和災難現場，我也常想：「如果換成是我，我會怎樣？」

這個世界有著太多充滿苦痛、悲慘、無助……的人，他們也許就在你身旁。不要站得遠遠的，請將心比心試想一下：「如果換成是你」。

第31件事

不要只想到自己

天地如此遼闊，為什麼人心總悶悶不樂？因為心胸不開闊。為什麼不開闊？因為只想到自己。

人最關心的永遠是自己。如果你仔細地看，就會發現我們在每一件所做、所說及所想事情背後，都是為了自己。「我會得到或失去什麼？這對我好嗎？我要怎樣才能得到更多好處？」當你想到自己，就會跟人比較、計較，心又如何開闊？

「人不為己，天誅地滅」這是人的天性。生物本能就是要保護好自己，否則生存就會受到威脅。但是問題也出在這裡，當你「只想到自己」，那別人呢，你還有多餘的心力去關心別人嗎？

當你只想到自己，對立就永遠存在

所以，每當有人問到：「如何讓心胸開闊？如何不凡事斤斤計較？如何減少人際衝突？如何慈善待人，寬容忍讓？」我的回答都一樣：「多替別人想。」這是最快速有效的辦法。因為只要有「我」就有「你」，那對立就永遠存在。如果「我」不消失，「你」就不可能消失，那個衝突、爭鬥、對抗也就沒完沒了。

有一則大家熟知的故事：

清朝文華殿大學士兼禮部尚書張英，為官清廉、為人豁然大度。當他在京師為官時，家人由於興建府第，與隔壁方姓望族因地界不清而打官司。縣令鑑於雙方都是有錢有勢的望族，遲遲不敢定案。

於是，家人便修書向張英求援。張英接到家書後，立刻以二十八字短詩回覆。詩文內容為：

千里修書只為牆，讓他三尺又何妨？

長城萬里今猶在，不見當年秦始皇。

家人接到回函後，立刻主動讓出了三尺的土地。方姓望族見狀，也自動讓出了三尺的土地。於是，在兩家之間，形成了一條六尺寬的人行巷道。

由於張英的豁達，非但化干戈為玉帛，而且造就一段千古佳話，百姓路過此六尺巷道時，均稱頌不已。

別只想到自己的苦，沒想到別人的痛

你必須從自己開始，推己及人。

當「我」消失，「你」也就消失了。你無法使別人消失，你只能夠使自己消失。而當你自己消失，就沒有別人，大家都是一家人，那有什麼好爭執？如果你能在你身上看到我，在別人身上看到自己，還會斤斤計較嗎？

記得散文作家林良曾為「第六倫運動」如是註解：

我們常忘了，我們心目中的「我」，在別人的心目中，也是一個「別人」。當我們想到，我們所重視的「我」，竟是別人心目中那個無關緊要的「別人」，我們會不會很傷心？

「別人」，其實就是許多「我」的統稱。每個「別人」裡，都有一個應該加以尊重的「我」。這就是為什麼我們要說：「別人就是另外一個我！」

你想過嗎？盤裡盛有十個餃子，如果有十個人一起吃，你先吃掉兩個，那別人怎麼吃？你把好菜都挑到自己碗裡，那其他人呢？如果你自己不想做的事，為什麼要推給別人？你想到自己的苦，但你有想到別人的痛嗎？

對別人無感，也將是目中無人的人。所以，我們教育孩子，不僅要讓他們懂得守法守分的好品格，更高一層次的，更要塑造他們悲天憫人的高尚情操、心胸開闊的健全人格！

多做點善事，這社會需要多一點溫暖；多點體諒，世間才有更多美好的事。心寬，天地闊。把心放寬了，人生何處不開闊。

你如何分辨自己心是敞開的，還是關閉的？

很簡單。你關心其他人嗎？還是你只關心自己？

當你只想到自己就會變得封閉。你會陷在你的挫折、煩惱、焦慮、憤怒、抑鬱、妒嫉、痛苦和愛恨情仇裡面。你愈想到自己，心胸就愈狹隘。

當你忘了自己，你注意過嗎？不論何時，當你感到快樂、喜悅、幸福時，你是沒有自我的。你愈忘了自己，心胸就愈開闊。

第32件事

在挫敗的地方堅強起來

千言悔過書寫不出，十歲男童從自家住宅跳樓身亡！

怎麼又……每次看到類似新聞，總讓我感觸很深，想很多。想到了孩子的未來，想到了孩子的教育，想到自己是否把孩子的生活安排得太舒適、優越，這樣沒吃過苦的孩子，經得起挫折考驗嗎？

英國詩人雪萊說過：「如果你十分珍愛自己的羽毛，不使它受一點損傷，那麼，你將失去兩只翅膀，永遠不再能夠凌空飛翔。」

人生道路本來顛簸崎嶇，失意有時、失戀有時、失敗有時、失去有時，沒有人能永遠一帆風順，作為父母也不可能一生為孩子護航。所以從小就應該給孩子「挫折教育」，才不致稍遇困難，就一蹶不振，甚至釀成無可挽救的悲劇。

凡走過的，必留下足跡

有一枝鉛筆即將要離開工廠，進入市場。可是，對於自己究竟能不能成為一枝好鉛筆？它一點信心也沒有。

製造鉛筆的師父跟它說：「你不用緊張，也不用害怕。只要你記住以下幾點，就能成為世界上最棒的鉛筆。」

「第一點，如果想不斷地寫出字來，你就必須忍受一次次地被刀片削整。」

「第二點，千萬別忘了，就算你寫錯了字也沒什麼大不了，因為只要擦掉重寫就好。」

「第三點，也是最重要的一點——你將可以完成最棒的文章、畫出最棒的圖畫。只要你願意把自己交在某個人手中。」

所謂「刀要石磨，人要事磨。」沒有風雨無情的吹打，磨不出堅強的性格；沒有困頓的遭遇，也不會造就出堅強的你。挫折是一個機會，也是一個祝福，因為如果沒有挫折就不可能成長。如果你用較大的視角來看，你將了解現在發生在你身上的事，都是為你將承擔更多做準備的——只要你願意把自己交出來。

凡奮鬥的，必經歷成長

讀過麥克阿瑟〈為子祈禱文〉嗎？這位五星上將是這麼說的：「主啊！懇求您教導我的兒子，使他在軟弱時，能夠堅強不屈；在懼怕時能夠勇敢自持，在誠實的失敗中，毫不氣餒……我懇求您，不要使他走上安逸、舒適的路，求您將他置於困難、艱難和挑戰的磨練中，求您引領他，使他學習在風暴中挺身站立，並學會憐恤那些在重壓之下失敗跌倒的人……」

全球首富比爾．蓋茲肯定深有同感，他說：「再富不能富孩子。」讓孩子從小就過一種富裕優越的生活，一旦失去財富變得貧窮，他們將無所適從。從小養尊處優終將會讓他們一事無成。所以，比爾夫妻二人寧願將這些錢捐給最需要它們的人，也不隨意交給孩子揮霍。你呢？

讓孩子吃點苦吧！愛他，就訓練他獨立，讓他經歷一些波折，讓他們學習跌倒，學習怎樣跌倒才能不疼，學會跌倒以後怎樣馬上站起來，唯有如此，才能不懼怕跌倒，才能讓內心變得強大，才能勇敢迎接生命中更多的挑戰。

當然，如果你就是那個孩子，也請堅強起來。即使你的本質

是老鷹，但是當你僅以一隻小雞的生存型態活著，你就永遠無法
蛻變為翱翔天際的老鷹。

記住，從哪裡跌倒，就從哪裡站起來！

有句俗話：「天上下雨，地上滑；自己跌倒，自己爬。」

路要自己走，關要自己闖。人生的旅程上有著無數的挫折和阻礙。我們應該學習「不倒翁」那種屢仆屢起的精神，接受每一個挫折，每一個挑戰或困難，因為它是為了強化我們而存在。就如同銲接一樣，如果加以熔接的話，原本破裂的地方會變得最堅固。

引述美國作家海明威的話：「每個人在世界上都曾遭到挫折，勇敢的人反而在挫斷的地方堅強起來。」

第33件事

多去體驗人生

常有人說現在的孩子不懂得知足感恩，我說那是因為沒有吃過苦，不懂得同理的原因；常有孩子抱怨日子無聊、沒意思，我說那是因為日子太好過了，養尊處優……糖吃太多也會膩。

最近讀到一則報導，有位父親帶子騎行一八〇〇公里到西藏，只為讓兒子積極生活。

這父親說：暑期，兒子同校的一名畢業生跳樓自殺，給兒子情緒帶來很大影響，兒子成天無所事事，又很叛逆，經常埋怨「人生很沒意思」。於是，他決定帶著兒子，騎自行車從成都出發到西藏。

一路上風風雨雨。由於道路崎嶇，他們經常摔跟斗。在四川境內，遭遇暴雨，夜晚多次遇到土石流，他們涉險過關。在西藏境內穿越大山時，幾次遇到冰雹，豆大的冰雹顆粒打在身上，渾身疼痛。父子兩人騎行一八〇〇多公里後，終於到達西藏拉薩。

父親欣慰說：透過近二十天的單車之旅，既讓兒子體會了生活的酸甜苦辣，又親近了大自然，現在兒子的心態變得很積極。

「幸福人生並非天賜的禮物，而是自己付出心力後的體悟。」說得一點都沒錯！人生如果只有甜味，又怎能體會其中的滋味？

糖吃太多也會膩

有個富翁從小含著金湯匙出生，從沒有吃過苦。由於繼承了驚人的遺產，他從不曾努力，也能繼續過著錦衣玉食的生活。

富翁雖然年紀不小，言行舉止卻還是很任性，只要有人、有事稍不順他的心意，就暴跳如雷，妻子雖然時常勸他，但他都當成耳邊風。

某次富翁進行健康檢查，醫師警告他要控制體重，否則疾病很快就會找上門。偏偏這個富翁非常喜歡吃甜食，妻子禁止，他就躲起來偷吃，若妻子發現說他幾句，他就惱羞成怒。

妻子生氣了，晚餐的時候端上的不是飯菜，而是蛋糕、餅乾、巧克力。富翁看了拍手叫好：「都是我愛吃的，太好了！」一下子就把一桌甜點吃個精光。

第二天早餐，富翁吃了一大碗紅豆湯，午餐吃冰淇淋，晚餐是蘋果派。

第三天早上，他看到桌上又是甜點，應該大快朵頤的他，卻覺得一點食欲也沒有。他對妻子說：「我吃膩了，妳去準備正常的早餐給我吃吧！」

不久後，妻子端出稀飯、煎蛋和青菜，富翁一吃，差點沒吐出來，所有的食物都甜得不得了！

「搞什麼！這東西能吃嗎？」富翁生氣大罵。

「你不是喜歡吃糖嗎？」妻子冷冷地說。

「廚房裡還有鹽巴、辣椒，難道妳都不會用嗎？」富翁說：「只加糖，東西怎麼會好吃？」

「人生中除了甜，還有酸苦辣鹹。」妻子誠懇地說：「只享受『甜』，你的人生怎麼會精彩？」

富翁恍然大悟，從此改正自己缺點。

人從沒嚐過的口味，就無法體會其中的滋味

想想一個電玩遊戲，沒有任何困難關卡，會刺激好玩嗎？想

想一部戲或小說裡，一個沒有碰到任何問題的人物，沒有挑戰，這部小說情節還會精彩嗎？再想想某個食物，如果你從未吃過你能體會其中的滋味嗎？

哲學家羅伯特・諾齊克在多年前曾提出一項思想實驗，如果有一台體驗機器能懷你體驗你想要的任何感受，但當你進入這台機器後，你會以為自己經歷的一切都是真的，你不會知道自己其實是在機器裡面。那麼你會選擇進入機器去「體驗人生」嗎？

諾齊克認為大多數人不會選擇進到這種機器裡面，因為我們想真切地體驗生活。

是啊！人生就要真切地愛過、痛過、苦過才沒白活。要苦辣酸甜都嚐過，才是算活過。

回想一下你所聽過的人生際遇，最棒的往往都是以努力奮鬥為主題，最精彩的也必定是經歷各種挑戰的情節，很少故事講的是他們多輕鬆就達成目標，對嗎？

每個人都在寫自己的故事，命運只是你創作的背景和舞台，至於要怎麼演出，則是看你自己。你可以成為勇者，也可以成為弱者；你可以演出喜劇，也可以演悲劇；你可以從磨難中成長，也可以向下沉淪……你既是作者，也是書中的主角，每個人都有機會改變故事的情節，甚至決定整個故事的結局。

當然，如果你希望內容精彩，有可看性，就必須安排更多的考驗，那是必然的。每次命運考驗都是一個機會，提供你更多彩的色料，去填補以及豐富你的生命——讓你成為一個有故事的人。

第34件事

該面對的，就面對

有一天，有人問一位登山專家：「如果我們在半山腰，突然遇到大雨，應該怎麼辦？」

登山專家說：「你應該向山頂走。」

他覺得很奇怪，不禁問道：「為什麼不往山下跑？山頂風雨不是更大嗎？」

「往山頂走，固然風雨可能會更大，它卻不足以威脅你的生命。至於向山下跑，看來風雨小些，似乎比較安全，但卻可能遇到山洪暴發而被活活淹死。」

登山專家嚴肅地說：「對於風雨，逃避它，你只有被捲入洪流；迎向它，你卻可以化險為夷。」

他的話實在值得深思——我們躲避我們害怕的事，因為我們認為如果面對它們會有悲慘的結果。但是，真正悲慘的結果是來自於我們逃避必須面對的事。

緊縮在花苞裡的痛楚多過冒險綻放的那一刻

面對人生無法接受或害怕的事情時，多數人都選擇逃避。逃得掉，的確可以暫時不必直接面對痛苦。但問題是能逃多久？你終究還是要面對。因為即使你逃離了，原來的問題依舊在原地等著你，不是嗎？

以前我很怕上台，更別提要對一群外國人發表演說，想到心裡便一陣恐慌，夜裡甚至憂慮得睡不著覺。但是因工作需要，我告訴自己：「我一定要克服這個難題。」為了補強語文不足，我替自己設定目標，強迫自己每天收看英文新聞、主動找外籍人士聊天，主動爭取上台機會……漸漸地，膽子愈練愈大，也就不再害怕。以前，打越洋電話還常常得勞駕其他同事，現在一切都自己來。

作家安奈斯寧說得對：「緊縮在花苞裡的痛楚多過冒險綻放的那一刻。」

你逃避面對課業問題、親子問題、感情問題、健康問題、工作問題、人生問題……然後呢？問題有消失嗎？你說：「這問題以後再說。」學生說：「等以後我再努力就好。」父母說：「等以後孩子長大再說。」夫妻說：「等結婚、等生孩子以後就好！」結果呢？就像許多問題一樣，你不面對，它就會如影隨形。等到以後問題化膿潰爛，必須做的事情會更難做，必須說的話會更難說出口，那才是災難的開始。

迎風向前，是唯一的方法

不要弄個紙袋子套在頭上，那沒有用的。自己的問題只有自己最清楚，如果不面對它，也沒有人能幫你，你可以向別人訴苦，但是，問題還是依舊。無論如何都請如實地面對吧！

有一個經驗豐富的船長對在船上參觀的航海系學生說道：「在海上看到颱風，有三條路可以選擇：第一條路就是掉轉船頭趕快逃走，但是這條路行不通，因為颱風的風速比任何輪船都跑得快，一下子就追上來了。

第二條路則是右轉或左轉以避開颱風，但也不行，因為一轉彎，你的受風面積就加大，風一吹，更容易翻倒。

第三條路就是關緊門窗，加足馬力，全速對準風向的位置衝過去，因為颱風風勢最強的地方，就是距離最短的地方，唯有如此，才有機會脫離颱風的威脅。」

是的，迎風向前，是唯一的方法。想解決你目前的問題，就要勇敢地面對，下決心面對，如同站在浪頭，才能夠乘風破浪。

正視問題五原則：

＊每個人都會面臨難題
＊每個難題都會過去
＊每個難題都有轉機
＊每個難題都會讓你成長
＊讓難題對你產生好的影響

要記住：不是因為困難使我們害怕，而是因為我們害怕才變得困難。

不是因為事情難以做到，我們才失去信心；而是因為我們失去信心，有些事情才顯得難以做到。

第35件事

不自尋煩惱

今天的你愁眉不展，是不是又想起心煩的事了？

日子分明過得好好的，可是你又忽然感到那種莫名的煩憂，隱隱約約彷彿有什麼事將要發生。你的心好累，累在自己擔心別人會怎麼想？事情會怎麼發展？如果事情出錯了怎麼辦？未來又將如何？問題像滾雪球似的，愈滾愈大。

你還記得幾週前所擔心的事情，現在呢？它們是怎麼解決的？你難道沒發現煩惱除了耗費心神，一點幫助都沒有嗎？

未雨綢繆是對的，杞人憂天卻不必要

心理學家為了研究「煩惱」問題，曾做了一個很有意思的實驗：

實驗者在一個週日的晚上，把自己未來一週內所有憂慮的「煩惱」都寫下來，然後投入一個「煩惱箱」裡。三週之後，心理學家打開了這個「煩惱箱」，讓所有實驗者逐一核對自己寫下的每項「煩惱」。

結果發現其中九成的「煩惱」並未真正發生。然後心理學家要求實驗者將記錄了自己真正「煩惱」的字條重新投入了「煩惱箱」。又過了三週，心理學家又打開了這個「煩惱箱」，讓所有實驗者再一次逐一核對自己寫下的每項「煩惱」。結果發現絕大多數曾經的「煩惱」已經不再是「煩惱」了。換句話說，我們都

「想太多」了。

你有沒有注意到，在我們生活周遭，有人日子過得輕鬆自在，有人卻總是操煩不斷，為什麼？如果你進一步了解，就會發現，其實問題不在麻煩的多寡，而是很多人會去「自尋煩惱」。

希望明天會更好，那你應該把今天先過好

有方法可以改善嗎？

名醫威廉．奧斯勒開了一個簡單卻十分有效的方子：「過一天算一天。」意思是說，我們活在今天，就只要做好今天的事就好了。

在讀醫學院時，奧斯勒曾為前途煩惱，他懷抱理想，但又擔心未來，他感到很徬徨，他的老師推薦一本書。在書中他讀到一

句話讓他恍然大悟：「最重要的，就是不要去看遠方模糊的，而要做手邊最具體的事情。」是啊，不論多麼遠大的理想，都需要一步步實現；不論多麼浩大的工程，都是一磚一瓦疊起來啊！

他明白了，那些遠大的理想，應該讓它們高懸在未來的天空裡，最要緊的，是把自己手邊的每一件事做好。

多年後，他創辦了約翰．霍普金斯學院。他把自己的人生態度貫徹到每一個細節裡，使得這所學院很快成為世界知名的醫學院。奧斯勒總是告訴身邊的人：「最重要的是把你手邊的事情做好，這就足夠了。」

你能為明天所做的最好準備，就是把今天做好；如果你希望明天會更好，那你應該做的就是把今天先過好。

「不要去管明天」，我的意思並非要大家放棄未來。相反的，我想強調的是，我們必須把握現在，才能創造未來；我想提醒的是，你不必想太多明天的事，明天是由今天所產生出來的。如果你能照顧好今天，那就等於是照顧了明天，不是嗎？
昨天已過，明天尚未到來，想那麼多幹嘛！

美國第三十任總統卡爾文．柯立芝說：「如果看到十個問題迎面而來，不用急，因為其中九個會在到達之前就跑到陰溝去了。」

把煩惱放進「週六盒子」。我也是這樣應付煩惱的。為自己準備一個空盒子，每當有困擾的想法和煩惱時，就記下來擺在盒子裡。然後就不必管它們，到了星期六早晨，再看看這些苦惱。你將發現，十有八九已經不重要，就連必須解決的幾項，也變得簡單多了。

第36件事

相信會有好事發生

你可曾注意過，不幸降臨在失意者身上的機率，似乎多於成功者的機率？優秀的學生和成功的人總是可以比表現不佳的人遇到更多好事？

是否發現那些愈可愛的人往往愈多人愛？好運常會降臨在那些已經有很好運氣的人身上，而不幸卻經常降臨在已經飽受折磨的人身上？

這是命運，還是自己造成的？

不論我們相信什麼，都會成真

我一直相信人的信念很重要，你期待的是什麼，得到的就會是什麼。如果你一直懷著正面想法，你的生命就會往正面的方向前進；如果你的想法總偏向負面思考，那麼你也會過一個消極的人生。

覺得自己很不幸的人，很難有好運，因為就算有好事發生，也會懷疑：「我不相信有這種好事。」當有人對你好，你卻說：「對方是有什麼陰謀？」這樣就把人推開了。而那人真的離開，你就更確定自己的懷疑：「我就知道他是虛情假意。」

許多人應該有過這樣的經驗：走進一間全是陌生人的房間，如果你在進入房間之前這樣想：「這裡的人看起來不好相處，也許他們不喜歡我，也許會排斥我。」如果你這麼想，一定預言成真，你一定會覺得被排擠、被品頭論足。

反過來，假設你在進入這房間前，是這樣想的：「這裡的人看起來都很友善，我想跟他們認識一定很有意思。」結果一定大不同。

這就是為什麼有人說：「不善於與人相處的人，到哪裡都會認為別人難以相處；善於與人相處的人，見到任何人，都會與人相處融洽。」我們對別人和對生命的看法，都會變成真實際遇。

如果你相信「有人老是和我作對」，你一定老是遇到找你麻煩的人。

好命並不是「天注定」，而是「你的決定」

所以，千萬要留心你的想法。

卡內基訓練的創辦人戴爾卡內基曾被媒體問道：「你一生當中所學到最大的教訓是什麼？」他不假思索地說：「我們都是自己思想的產物。」

如果你對自己說：「沒有人愛我。」說太多次之後就會表現出不可愛的行為，而使這句話應驗。如果你願意放下那個信念，肯定地對自己說：「世界充滿著愛，我可以愛人和值得被愛。」抱持這個新的想法，它就會變成真實的狀況。這時，你的生活就會出現許多可愛的人，原本對你好的人，也會更加愛你；而你也會發現，自己愈來愈可愛。

有些人習慣說：「我運氣很背。」、「絕對不會有好結果。」這類的話。朋友，你知道嗎？這些負面信念就是在轉動人生的方向盤，使我們駛向不同方向。那些悲觀的人特別容易出意外，沮喪的人周遭發生更多讓人難過的事，倒楣的人接連遇到更多倒楣事，原因即在此。

想改運，首先就要先改變你的信念。你必須先相信會有好事發生，然後，好事才會降臨。好命並不是「天注定」，而是「你的決定」。

每次談到命運的時候，我都要求學生寫下一個句子：「我的人生是由○○組成的！」句子裡面的○○是空格，交給大家自己填。

不管大家在空格填上什麼，後來幾乎都應驗。認為人生是「美好」組成的，生命就會變得美好。相信人生是由「絕望」組成，人生就會變得絕望。

英國思想家海勒說過：「留心自己詮釋世界的方式，世界就像你詮釋的那樣。」

下回，當你抱怨人生的時候，請暫停下來，注意自己正在想什麼？檢視一下生活中的種種問題，然後問自己：「是什麼樣的想法，造成了現在這些問題？」

心所想的一切即是事實。命運其實就是一種信念，只要相信自己好命，通常命都不會太差；抱怨自己命不好的人，就算好好日子，也能搞得很難過。

第37件事

換個角度看人生

有句話說：「百年三萬六千日，不在愁中即病中。」說的是，一個人的一生，不是受著病苦，就是被煩惱憂愁所苦。但人生處境真是這樣嗎？不，那只是人心的作用。當你認為生活過得苦，那麼環境就會變成苦的。

我無意否認人生充滿許多艱難。不過，儘管問題無所不在，但美好也隨處可見；儘管有一堆醜惡的事，但也有許多良善的事。儘管會突來狂風暴雨，但風雨後，美麗的彩虹和溫暖的太陽依然高掛天上，不是嗎？

你看的方向，決定你看到的事物

有人說人生悲苦，有人說人生美好，誰說的對？答案是兩者皆是。

同樣是半個甜圈圈，有人說：「唉，只剩半個了！」有人說：「哈，還有半個耶！」在同一個牧場，有人望向柵欄內說：「裡面有好多的牛，好棒！」有人望向柵欄內卻說：「裡面有好多的牛糞，好髒！」

擁有至高權力與財富的拿破崙曾感慨地說：「我一輩子的幸福日子，不超過六天。」但是，雙眼失明且耳聾的海倫凱勒卻說：「哇，我覺得人生真是美極了，我每天都好幸福。」

所謂：境由心生，境隨心轉。快樂和痛苦並不是境遇的不同，而在心境的轉換。有個失戀的女孩哭泣說：「我失去一個愛我的人。」另一個失戀的女孩卻欣喜說：「我離開一個不愛我的人。」

某艘船遇到颱風，險些翻覆，乘客都嚇死了，有位老太太卻神色自若。「因為只要我平安脫困，就可以見到我女兒；如果我翻船死了，就可以到天堂見到我先生。」老太太微笑說：「既然無論是生是死，我都能見到最愛的親人，那麼有什麼好怕呢？」

你看是不是，轉個念，人生就大不同。

面對陽光，你就看不到陰影

有時，我們被自己的問題、自己的苦難、自己的想法、觀念困住了，而忘了換一個角度看人生。

我們認為那是我們人生旅途上的一個挫折，或是一顆絆腳石，只是換一個方向去想，或許就成了我們的墊腳石。我們不喜歡的缺點，也許是自己的優點或特點；我們最討厭的敵人，往往也是最好的老師。

有時我們太執著在別人的缺點，就忽略了這個人的優點；抱怨玫瑰多刺，就無法欣賞玫瑰花的美。注意自己欠缺的東西，就看不到自己擁有的；看什麼都不順眼，也就天天都不順心。

宋代無門慧開禪師寫的一首詩偈：「春有百花秋有月，夏有涼風冬有雪；若無閒事掛心頭，便是人間好時節。」意在提示大家：凡事都有兩面，要看好的一面。儘管春天是濕漉漉的黃梅天，卻有百花齊放；秋天雖然蕭瑟，月亮卻特別皎潔；酷熱的夏天，更可以體會微風徐徐，心靜自然涼；到了寒冷的冬天，還有飄著皚皚白雪可欣賞呢。

所以「若無閒事掛心頭，便是人間好時節」，這裡說的「閒事」，並非無所事事，沒事做，而是讓你「煩心的事」。如果能把它放下，那麼放眼看去一切都美，什麼都好，都是人間好時節，不是嗎？

願你日升日落，時時是好時，天天是好日。祝福你！

沒有什麼事物本身是好壞的，是想法造成了好壞。

如果把坎坷看成一種調味品，你就會感到生活更有滋味；如果把艱難看成一筆寶貴的財富，你就會發現自己愈來愈富有。沒錯，只要調整你的心態，即使逆風也會變順風。再悲慘的生活也會峰迴路轉，再黑暗的人生也會柳暗花明。

你怎麼看事情，就看到什麼。試著逆向思考。走路跌了一跤，摔破了皮，何不換個角度想：還好！沒有摔斷腿；如果摔斷了腿，你可以慶幸，還好！沒摔死；如果摔死了，那也就沒什麼好煩憂了。

〈延伸閱讀〉

《格局，決定你的結局：48個讓人生正向發展的思考題》
作者：何權峰
定價：二四〇元

何權峰第一本
專為年輕人設計的書

我們常默認一個「不可跨越」的門檻，把自己侷限住了，以致於停滯不前；懂得放下心中的「不可能」，才能釋放生命的「無限可能」。

二十幾歲人生才剛起步，對自己的疑問似乎永遠比了解還要多。

懵懵懂懂地度過十幾歲的日子，跨進二十幾歲，工作、夢想、愛情、金錢，彷彿都要在這段時間做出個成績，有人說這是黃金歲月，要好好珍惜，等到了三十幾歲就都來不及，然而自己卻總是跌跌撞撞……

其實人生的格局就在你怎麼看自己，在你所認識的人，在你說的每句話，在你給人的感覺，在你做事的態度，在你經歷的遭遇，在你的每個念頭，在你的所作所為。本書共有四十八個思考題，幫助二十幾歲的你了解自己，該如何自處、如何待人，理想也好、工作也好、感情也好，究竟該怎麼看待？

擁有美好人生並不難，只要一開始「想」對了，就可以獲得正向發展的力量！

高寶書版集團
gobooks.com.tw

HL053

優秀，從你忽略的小事開始

作　　者：何權峰
書系主編：蘇芳毓
編　　輯：洪于琇
美術編輯：黃鳳君
排　　版：彭立瑋
出　　版：英屬維京群島商高寶國際有限公司台灣分公司
Global Group Holdings, Ltd.
地　　址：台北市內湖區洲子街 88 號 3 樓
網　　址：gobooks.com.tw
電　　話：(02) 27992788
電　　郵：readers@gobooks.com.tw（讀者服務部）
pr@gobooks.com.tw（公關諮詢部）
電　　傳：出版部　(02) 27990909　行銷部　(02) 27993088
郵政劃撥：19394552
戶　　名：英屬維京群島商高寶國際有限公司台灣分公司
發　　行：希代多媒體書版股份有限公司 /Printed in Taiwan
初版日期：2014 年 1 月

國家圖書館出版品預行編目 (CIP) 資料

優秀，從你忽略的小事開始 / 何權峰著 . -- 初版 . -- 臺北市 : 高寶國際出版：希代多媒體發行 , 2014.01
面；公分 . -- (生活勵志 ; HL053)

ISBN 978-986-185-955-2(平裝)

1. 修身 2. 生活指導

192.1　　102026679

GOBOOKS
& SITAK
GROUP©